Larisa Grushevskaia
Natalia Bitekhtina

# A Living Russian Grammar

Part II

INTERMEDIATE II

Moscow
CREF-R
2009

Лариса Грушевская

Наталия Битехтина

# ЖИВАЯ ГРАММАТИКА РУССКОГО ЯЗЫКА

(для говорящих на английском языке)

## Часть II. Средний этап

Издательство «КРЭФ-Р»
Москва
2009

УДК 811.161.1'36 (075.4)

ISBN 5-9900586-1-6

ББК 81.2 Рус-9 Г91

**Грушевская Л. Ю., Битехтина Н. Б.**

Живая грамматика русского языка (для говорящих на английском языке). Часть II. Средний этап. — М., КРЕФ-Р, 2009. — 208 с.

Перевод на английский язык Наталия Базарных-Дальтон
Редактор английского перевода Владислава Резник
Художник Ольга Карпушина
Вёрстка Дмитрий Кирьянов
Корректор Лариса Марчик

«Живая грамматика русского языка. Часть II.» — это практическая коммуникативная грамматика, адресованная изучающим русский язык как иностранный. Она предназначена преимущественно для взрослых и ориентирована на средний уровень владения языком, а также может быть полезна всем, желающим повторить основы русской грамматики. Наряду с краткими и ясными объяснениями в книге содержатся разнообразные упражнения, содержащие общеупотребительную и актуальную лексику.

Авторы стремились сделать изучение грамматики менее абстрактным и более практичным, по возможности избегая специальной терминологии.

© Грушевская Л. Ю., Битехтина Н. Б., 2009
© Издательство «КРЭФ-Р», 2009
© Иллюстрации Карпушина О.

Тираж 1000 экз. Заказ 1177.
Отпечатано в ОАО «Щербинская типография».
117623, г. Москва, ул. Типографская, д. 10. Тел. 659-23-27.

# Content

**INTRODUCTION** .................................................................................................. 5

## THE NOUN
1. **ACCUSATIVE OR GENITIVE?** ................................................................... 6
2. **SUBSTANTIVE ADJECTIVES AND PARTICIPLES** ................................. 10

## THE ADJECTIVE
3. **SHORT ADJECTIVES WITH A NOUN COMPLEMENT** ............................ 14
4. **POSSESSIVE ADJECTIVES** ..................................................................... 18

## THE NUMERAL
5. **THE AGREEMENT OF CARDINAL NUMERALS, NOUNS AND ADJECTIVES** ............................ 22
6. **DECLENSION OF COMPLEX AND COMPOUND NUMERALS** ............... 26
7. **THE FRACTIONS** ....................................................................................... 30
8. **THE COLLECTIVE NUMERALS ДВОЕ, ТРОЕ, ЧЕТВЕРО, etc.** ............. 34
9. **ОБА, ОБЕ** .................................................................................................. 40

## THE PRONOUN
10. **САМ and САМЫЙ** .................................................................................. 42

## THE VERB
11. **VERB ASPECTS IN THE PAST TENSE** ................................................. 46
12. **ASPECTS IN THE INFINITIVE** ............................................................... 50
13. **VERB ASPECTS IN THE IMPERATIVE** ................................................. 56
14. **VERBS OF MOTION (TRANSITIVE) WITH PREFIXES** ......................... 60
15. **VERBS OF MOTION WITH PREFIXES ПО-, ПРО-, С-, ЗА-, ИЗ- EXPRESSING NON-SPATIAL MEANING** ............................................... 64
16. **FIGURATIVE USE OF THE VERBS OF MOTION** ................................. 70

## THE PARTICIPLE. THE GERUND
17. **THE PARTICIPLE (introduction)** ............................................................. 78
18. **PRESENT ACTIVE PARTICIPLES AND PAST ACTIVE PARTICIPLES** .......... 82
19. **PRESENT PASSIVE PARTICIPLES AND PAST PASSIVE PARTICIPLES** ...... 86
20. **PARTICIPIAL CONSTRUCTIONS** ........................................................... 92
21. **THE GERUND** .......................................................................................... 96
22. **THE GERUNDIAL CONSTRUCTION** ...................................................... 102

## EXPRESSION OF TIME, OF CAUSE, OF COMPARISON, etc.
23. **THE PASSIVE VOICE** ............................................................................. 106
24. **EXPRESSION OF TIME (I)** ..................................................................... 112
25. **EXPRESSION OF TIME (II)** .................................................................... 118
26. **EXPRESSION OF PURPOSE IN A SIMPLE SENTENCE** ..................... 122

| | | |
|---|---|---|
| **27.** | **EXPRESSIONS OF CAUSE IN A SIMPLE SENTENCE** | 126 |
| **28.** | **EXPRESSION OF CONDITION** | 128 |
| **29.** | **EXPRESSION OF CONCESSION** | 130 |
| **30.** | **EXPRESSION OF COMPARISON** | 134 |
| **31.** | **SAME OR SIMILAR?** | 140 |
| **32.** | **ТОЖЕ, ТАКЖЕ, И** | 146 |
| **33.** | **EXPRESSION OF NEGATION** | 150 |
| **34.** | **ГДЕ? КУДА? ОТКУДА?** | 156 |
| **35.** | **EXPRESSION OF UNCERTAINTY** | 162 |
| **36.** | **МНОГО, МНОГИЕ, НЕСКОЛЬКО, НЕКОТОРЫЕ** | 168 |
| **37.** | **DIFFERENT TYPES OF THE IMPERATIVE** | 174 |
| | **TABLES** | 178 |
| | **ENGLISH INDEX** | 182 |
| | **RUSSIAN INDEX** | 184 |
| | **KEY** | 186 |

# Introduction

A Living Russian Grammar (II) is addressed to adult learners of intermediate level; to GCSE and A-level students; and to those who study Russian at language schools and individually. The book can be used both for language classes with a tutor and for self-study. It may also be useful to advanced learners of Russian for revision and improvement of their knowledge.

A Living Russian Grammar (II) is the second part of the grammar book A Living Russian Grammar (I).

This is a communicative grammar which is not intended as a theoretical description of language. It aims to provide clear explanations of grammatical rules, which are necessary for fluent communication, and to enhance their usage with the help of exercises. The explanations are simple and short, with particular emphasis on language phenomena which may present special difficulties for English-speaking students.

The information on language styles is of particular importance, as many synonymous constructions often differ from one another only in terms of the register in which they are used.

The authors have tried their best to avoid the use of specialised linguistic terminology. The explanations are illustrated with examples from real communicative situations. In addition, humorous drawings will help students to understand and memorise better certain grammatical phenomena peculiar to the Russian language.

The authors aimed at making the study of Russian grammar interesting, amusing and effective at the same time.

A Living Russian Grammar (II) consists of 37 units devoted to various grammatical topics, necessary for those who want to advance their knowledge of Russian. Topics covered include expression of time, cause, purpose; verb aspects in the past tense, in the infinitive, in the imperative; the participle, the gerund and others. Some particularly complex grammatical phenomena are dealt with in more than one unit. The units can be studied in any order.

As a general rule, grammatical explanations and the corresponding examples are found on the left-hand page, whereas the right-hand page is devoted to exercises. An index and the grammatical tables provided at the end of the book will facilitate its use.

We hope that this grammar book will become a useful tool in your study of Russian, and wish you an easy and pleasant learning.

**Good luck! Желаем удачи!**

The authors

# 1 ACCUSATIVE OR GENITIVE?

> *Он не знает моего адреса.*
> He doesn't know my address.
> *Я жду автобуса.*
> I am waiting for the bus.
> *Ты будешь коньяк или водку?*
> Would you rather have cognac or vodka?

❖ In negative sentences the direct object can appear both in **Gen.** and in **Acc.**, including the cases with emphasized negation, if the sentence has words **ничей, никакой** or the particle **ни**

*Я не помню его лицо.*
*Я не помню его лица.*
I don't remember his face.

*Я не нашла никакого словаря.*
I haven't found any dictionary.
*Я не купила ни сыра, ни ветчины.*
*Я не купила ни сыр, ни ветчину.*
I've bought neither cheese, nor ham.

With animate nouns and proper names the **Acc.** case is preferable.

*Я не знаю Анну.*
I don't know Ann.
*Марк не любит Лондон.*
Mark doesn't like London.

*Ты не знаешь его жену?*
Don't you know his wife?

❖ After the following verbs the direct object takes the **Gen. case**:

**хотеть** (to want)
**просить — попросить** (to request)
**ждать** (to wait)     **+ noun with abstract meaning**
**искать** (to search)
**желать — пожелать** (to wish)
**добиваться — добиться** (to achieve)

*Все люди хотят мира.*
All people want peace.
*Я желаю вам счастья.*
I wish you happiness.

*Я прошу вашего совета.*
I am asking for your advice.

**Compare:**   *Я жду Наташу.* (Acc.)   *Я жду от вас сочувствия.* (Gen.)
I am waiting for Natasha.   I am expecting compassion from you.

**Accusative or Genitive?** УПРАЖНЕНИЯ

**1  Reply negatively.**

*Example: Вы помните этот разговор?*
*— Я не помню этого разговора.*

1. Вы помните его телефон? — _____
2. Вы помните название ресторана, в котором мы были вчера? — _____
3. Вы знаете расписание поездов на Петербург? — _____
4. Вы помните эту встречу? — _____
5. Вы знаете её имя? — _____
6. Вы видели Машу? — _____
7. Вы знаете номер автобуса, который нам нужен? — _____
8. Ты видела мою сумку? — _____
9. Вы помните мою сестру? — _____

**2  Answer the questions using the words ничей, никакой and the particle ни.**

*Example: Ты видела мои документы? — Я не видела никаких документов.*

1. Ты купила фрукты? — *Я купила фруктов*
2. Ты купил водку и коньяк? — *Я купил водки ни~~как~~, ни коньяка*
3. Ты знаешь Наташу? — *Наташу никакую*
4. Ты взял мою газету? — *газета ничей*

**3  Gen. or Acc.? Give different variants, where possible.**

*Example: Я хочу _____ (покой).*
*Я хочу покоя.*

1. Мы ждём от наших близких *понимания* (понимание).
2. Он попросил *совета* (совет).
3. Пожелайте мне *успеха* (успех).
4. Вы хотите *неприятности* (неприятности)?
5. Анна попросила у меня *карандаш* (карандаш).
6. Я ищу *справедливости* (справедливость).

❖ If the direct object is not specified, it **can** be expressed with the help of the Genitive.

**Compare:** Я жду письма́.  Я жду письмо́ от Ната́ши.
I am expecting a letter.  I am expecting a letter from Natasha.
(a specific letter: I know that it has been sent to me)

Я жду звонка́. (Gen.)
I am expecting a call.

❖ If the following phrases appear in the negative form, the **Gen. case** is used:

**не** име́ть значе́ния (not to matter)
**не** име́ть возмо́жности (not to have an opportunity)
**не** обраща́ть внима́ния (not to pay attention)
**не** игра́ть ро́ли (not to matter)
**не** придава́ть значе́ния (not to pay attention)

**Compare:** Обрати́те внима́ние на его́ замеча́ние.
Pay attention to his remark.
Не обраща́йте внима́ния на его́ замеча́ния.
Don't pay attention to his remarks.

## The Partitive Genitive

The Partitive Genitive is used to denote an unspecified amount.

Принеси́те мне воды́.
Bring me some water.

**Compare:** Что ты хо́чешь: сок или ко́ка-ко́лу? (Acc.)  Ты хо́чешь со́ка? (Gen.)
What do you want: a juice or a Coke?  Do you want some juice?

The Partitive Genitive is used after **perfective** verbs and the verb **хоте́ть**.

**Don't say:** Пе́йте шампа́нского.  **Say:** Пе́йте шампа́нское.
Drink champagne.
**But:** Вы́пейте шампа́нского.
Drink some champagne.

The Partitive Genitive preserves its archaic form in the following words: **ча́ю** (tea), **са́хару** (sugar), **мёду** (honey), **ква́су** (kvas), **коньяку́** (cognac), **перцу** (pepper), **ри́су** (rice), **виногра́ду** (grapes), **винегре́ту** (vinaigrette salad), etc.

Хо́чешь ча́ю? Хо́чешь ча́я?  Хо́чешь чай?
Do you want some tea?  Do you want tea?

### Accusative or Genitive? УПРАЖНЕНИЯ

**4** Gen. or Acc.? Give different variants, where possible.

1. Справочная Курского вокзала. Ждите _ответа_ (ответ).
2. Я жду _автобуса_ уже 20 минут (автобус).
3. Я ждала _его звонка_ (его звонок) весь вечер.

**5** Answer the questions.

1. Когда вы знакомитесь с человеком, что для вас имеет значение и что не имеет значения? _образ, манера имеет значение. Для меня, одежда не важная._

2. Когда вы путешествуете, на что вы обращаете внимание, а на что не обращаете внимания? _____

3. Когда вы выбираете гостиницу, что играет роль и что не играет роли в вашем выборе? _расположение гостиницы — the situation of the hotel. количество звёзд — how many stars a hotel has_

**6** In the dialogues, underline the words in the form of the Partitive Gen.

— Что ты будешь: сок или минеральную воду?
— Я хочу (сока). А ты?
— Я бы выпила (минеральной воды).
— Ты хочешь (мороженого)?
— Я не хочу (сладкого). Я возьму (фисташек). pistashio
— А я возьму ещё (горячего шоколада).

**7** Offer your interlocutor to have smth. to eat or drink, making use of the archaic forms of the Partitive Gen., if possible.

1. ~~Чт~~
2. 
3. 
4. 
5. 
6. 
7.

# 2 SUBSTANTIVE ADJECTIVES AND PARTICIPLES

> *Купи́ шампа́нское и моро́женое и зайди́ в бу́лочную за пиро́жными.*
> Buy some champagne and ice cream and grab some pastries at the bakery.

❖ Many adjectives and participles are used as nouns.
**Substantive adjectives and participles** can refer to:

- **persons, including certain surnames:**

  *больно́й/больна́я* (ill, patient), *знако́мый/знако́мая* (acquaintance), *ра́неный/ра́неная* (wounded), *веду́щий/веду́щая* (presenter, host — of a show), *Толсто́й, Трубецка́я*

- **spaces** (in a building), **places** (all these words are fem.):

  *ва́нная* (bathroom), *гости́ная* (living room), *бу́лочная* (bakery), *столо́вая* (dining room, canteen), *парикма́херская* (hairdresser's), *пра́чечная* (launderette, laundry), *мастерска́я* (workshop)

- **streets** (*Тверска́я*), **metro stations** (words of feminine gender): *Октя́брьская, Пу́шкинская*, **villages** (words of neuter gender): *Тро́ицкое, У́зкое*

- **culinary terms:**

  *моро́женое* (ice cream), *пиро́жное* (pastry), *заливно́е* (jellied fish), *го́рькое* (bitter), *солёное* (salty)

- **phenomena, signs, scientific terminology** (words of neuter gender):
  *гла́вное* (the important), *про́шлое* (the past), *настоя́щее* (the present), *живо́тное* (animal), *насеко́мое* (insect), *прилага́тельное* (adjective), *пряма́я* (straight line), *снотво́рное* (sleeping pill)

  ❖ **Substantive ordinal numerals:**
  **пе́рвое** (the first), **второ́е** (the second), **тре́тье** (the third)

**Substantive adjectives and participles**  УПРАЖНЕНИЯ

**1** **Read the sentences, find the substantives in them, and tell whether they were formed from adjectives, participles or ordinal numerals.**

1. Ещё ни один курящий не жаловался на то, что некурящий не курит. *(С. Пертини)*
2. Несколько лет назад российский учёный Жорес Алфёров получил Нобелевскую премию.
3. Новое — это хорошо забытое старое.
4. Традиционный русский обед состоит из трёх блюд: на первое мы едим суп, на второе — мясо или рыбу с гарниром, на третье — пьём компот, кисель или чай.
5. Он купил бутылку французского шампанского.

**2** **Explain the meaning of the following words (use the dictionary when needed).**
*Example:* Верующий — это человек, который верит в Бога.

1. Знакомый _____
2. Рабочий _____
3. Учёный _____
4. Военный _____
5. Безработный _____
6. Взрослый _____
7. Заключённый _____
8. Новобрачные _____
9. Выходной _____

**3** **Write down what it is or who it is.**
*Example:* Человек, который лежит в больнице — больной.

1. Человек, который ведёт передачу по радио или телевидению — _____
2. Человек, который шьёт одежду на заказ — _____
3. Улица, которая идёт вдоль берега реки — _____
4. Лекарство для людей, которые плохо спят — _____
5. Небольшая сумма, которую оставляют официанту после оплаты счёта — _____
6. Человек, которого ранили — _____
7. Блюдо (обычно суп), которое едят в начале обеда — _____

❖ When the participle and the adjective are used as nouns, they always come in **one and the same** gender, yet they do change in number, and **decline as adjectives**.

*Пирóжное бы́ло свéжее.*  *И́ра угощáла гостéй пирóжными.*
The pastry was fresh.  Ira treated her guests to pastries.

Words that are only used in **plural.**:
*бли́зкие* (kin), *нали́чные* (cash), *чаевы́е* (tip — as a part of a payment), etc.

Words that are only used in **singular**:
*бу́дущее* (the future), *прóшлое* (the past), *настоя́щее* (the present), *морóженое* (ice cream), *солёное* (salty), *ки́слое* (sour), etc.

❖ Some substantives got converted into nouns and are no longer used as qualifiers:

*портнóй* (tailor), *лесни́чий* (arborist; ranger), *нáбережная* (quay).

Other words can be used both as adjectives and as nouns.

*Скóрый пóезд подошёл к стáнции.*  *Скóрый подошёл к стáнции.*
The express-train approached the station.  The express approached the station.

# Substantive adjectives and participles — УПРАЖНЕНИЯ

## 4 Write down what it is or who it is.

1. Медведь, волк, заяц, собака — _____

2. Комар, бабочка, таракан — _____

3. Эклер — _____

4. Эскимо, пломбир — _____

## 5 Answer the questions using the words: *прачечная, гостиная, булочная, ванная, мастерская, столовая.*

*Example:* Где можно сделать причёску? — В парикмахерской.

1. Где можно недорого пообедать? — _____

2. Где можно купить хлеб? — _____

3. Где можно починить обувь? — _____

4. Где можно постирать бельё, если у вас нет стиральной машины? — _____
_____

5. Где мы принимаем гостей? — _____

6. Где мы принимаем душ? — _____

## 6 Insert the words in brackets in the appropriate form.

1. Его брат стал _____ (учёный).

2. В _____ (выходной) мы с семьёй на два дня ездили в Ростов.

3. Сегодня после работы я иду в _____ (парикмахерская).

4. Я покупаю свежий хлеб в ближайшей _____ (булочная).

5. Вечером мы пили чай с _____ (пирожные).

6. Вчера мэр Москвы встретился с преподавателями и _____ (учащиеся) балетной школы.

7. Кофе-гляссе — это холодный кофе с _____ (мороженое).

8. Я узнал об этом от своей _____ (знакомая).

9. Бабушка не может заснуть без _____ (снотворное).

10. Мои дети любят _____ (животные).

11. Вы принимаете кредитные карты? У меня нет _____ (наличные).

# 3 SHORT ADJECTIVES WITH A NOUN COMPLEMENT

> *Она́ похо́жа на своего́ отца́.*
> She looks like her father.
> *Са́ша бо́лен гри́ппом.*
> Sasha has the flu.
> *Мне ну́жен ваш сове́т*
> I need your advice.

Unlike the long adjectives, short adjectives can be used only as predicates*.

A short adjective may require the use of a specific case for its complement.

## + Genitive

| | |
|---|---|
| досто́ин (deserves) | Он досто́ин **уваже́ния**. He deserves respect. |
| свобо́ден от (free from) | Сейча́с он свобо́ден **от свои́х обяза́тельств**. At the moment, he is free from his obligations. |

## + Dative

| | |
|---|---|
| вели́к (too big) | **Вам** велико́ э́то пла́тье. This dress is too big for you. |
| мал (too small) | **Мне** мала́ э́та блу́зка. This blouse is too small for me. |
| дли́нен (too long) | **Тебе́** бу́дут дли́нны э́ти джи́нсы. These jeans will be too long for you. |
| широ́к (too wide) | Э́та ю́бка была́ широка́ **ей** в по́ясе. This skirt was too wide in the waist. |
| ну́жен (need/s) | **А́нне** нужна́ кварти́ра. Anna needs an apartment. |
| необходи́м (necessary, need) | **Мне** необходи́м ваш па́спорт. I need your passport. |
| ра́вен (equals) | Четы́ре ми́нус два равно́ **двум**. Four minus two equals two. |
| рад (welcome, glad) | Вы не бу́дете ра́ды **его́ прие́зду**? Won't you welcome his arrival? |
| поня́тен (understand) | **Мне** поня́тны его́ сомне́ния. I understand his doubts. |
| я́сен (clear, obvious) | **Не всем** ясна́ его́ пози́ция. His position isn't clear to everyone. |
| поле́зен (useful) | **Тебе́** бы́ло бы поле́зно съе́здить на мо́ре. It would be useful for you to go to the sea. |
| вре́ден (harmful, detrimental) | Э́тот кли́мат **ему́** вре́ден This climate is bad for his health. |
| интере́сен (interested) | **Вам** интере́сно моё мне́ние? Are you interested in my opinion? |

Э́то пла́тье мне велико́.

---

*See "A Living Russian Grammar", part I, pp. 90, 92.

| | |
|---|---|
| знако́м<br>(familiar, know) | **Тебе́** знако́мо э́то чу́вство?<br>Do you know this feeling? |
| изве́стен<br>(know/n) | **Всем** изве́стны его́ полити́ческие взгля́ды.<br>Everybody knows his political views. |
| гото́в к<br>(prepared for) | Мы бы́ли гото́вы **ко всему́**.<br>We were prepared for everything. |
| добр к<br>(kind to) | Ири́на была́ добра́ **к нему́**.<br>Irina was kind to him. |

### + Accusative

| | |
|---|---|
| до́лжен<br>(owes) | Ле́на должна́ мне **ты́сячу** рубле́й.<br>Lena owes me one thousand rubles. |
| гото́в на<br>(ready to) | Он был гото́в **на всё**.<br>He was ready to do anything. |
| спосо́бен на<br>(capable of) | Она́ спосо́бна **на всё**.<br>She is capable of anything. |
| похо́ж на<br>(looks like) | **На кого́** он похо́ж?<br>Who does he look like? |
| зол на<br>(angry with) | Он был зол **на свою́ сестру́**.<br>He was angry with his sister. |

### + Instrumental

| | |
|---|---|
| бо́лен<br>(ill, down with) | **Чем** он бо́лен?<br>What's he ill with? |
| бога́т<br>(rich, has a lot of) | Росси́я бога́та **не́фтью**.<br>Russia is rich in oil. |
| бе́ден<br>(poor, has few) | Швейца́рия бедна́ **приро́дными ресу́рсами**.<br>Switzerland has few mineral resources. |
| изве́стен<br>(in/famous) | Он изве́стен **свои́м плохи́м хара́ктером**.<br>He is infamous for his temper. |
| дово́лен<br>(pleased) | Ви́ктор дово́лен **свое́й пое́здкой**?<br>Was Victor pleased with his trip? |
| знако́м с<br>(know, meet) | Вы знако́мы **с мои́м му́жем**?<br>Have you met my husband? |
| согла́сен<br>(agree) | Она́ согла́сна **с ва́ми**?<br>Does she agree with you? |
| дру́жен с<br>(befriend) | Она́ была́ дружна́ **со мно́гими изве́стными поэ́тами**.<br>She befriended many famous poets. |
| удивлён<br>(surprised) | О́льга была́ удивлена́ **его́ поведе́нием**.<br>Olga was surprised by his behavior. |

### + Prepositional

| | |
|---|---|
| уве́рен в<br>(sure) | Вы уве́рены **в э́том**?<br>Are you sure about it? |
| винова́т в<br>(to be at fault, to be guilty) | Я не винова́та **в том**, что он опозда́л.<br>It's not my fault that he was late. |

# Short adjectives with a noun complement — УПРАЖНЕНИЯ

**1** **Complete the sentences by using the words in brackets in the correct form.**
*Example:* Эта шляпа (Юля) велика.
Эта шляпа Юле велика.

1. Анна была больна (ангина). _____
2. Он был зол (мой брат). _____
3. Я считаю, что она виновата (то, что случилось). _____
4. Вы уверены (то, что он займёт первое место)? _____
5. (Все) полезно есть свежие фрукты и овощи. _____
6. Мы довольны (то, как закончилась встреча). _____
7. Миша не готов (экзамен). _____
8. (Он) всё равно. _____
9. Она похожа (бабушка). _____

**2** **Make up sentences by combining the information on the left with that on the right.**

1. Мне знакомо         «Оскар»
2. Вам необходима      его звонку
3. Он достоин          ваш вопрос
4. Таня способна       Марк
5. Вы не рады          большее
6. Мне понятен         виза
7. Валя согласна       это лицо

**3** **Answer the questions.**

1. Вам интересно современное искусство? _____
2. На кого вы похожи? _____
3. Вам знакома фамилия Тарковский? Кто он? _____
4. Вы знакомы с каким-нибудь известным актёром? _____
5. На что вы готовы ради ваших близких? _____
6. Что для вас важно в жизни? _____
7. Чем богата ваша страна? _____
8. Как вы считаете, была ли необходима России перестройка? _____

### Short adjectives with a noun complement — УПРАЖНЕНИЯ

**4  Answer the questions using short adjectives.**

*Example: Вас удивила его реакция? — Да, я был удивлён его реакцией.*

1. Она дружила со многими известными художниками? — _____

2. Вас интересует моё мнение? — _____

3. Вы знаете его точку зрения на эту проблему? — _____

4. Вы знаете Олега? — _____

5. Вы понимаете его позицию? — _____

6. Он согласился с вами? — _____

**5  Give antonyms to the following short adjectives.**

1. мал ≠ _____
2. длинна ≠ _____
3. свободно ≠ _____
4. богат ≠ _____
5. полезно ≠ _____
6. болен ≠ _____
7. добр ≠ _____

**6  Answer the questions using short adjectives.**

*Example: У него грипп? — Да, он болен гриппом.*

1. В Ираке много нефти? — _____

2. Андрею понравилась его поездка в Казань? — _____

3. Вы думаете, что Лена могла это сделать? — _____

4. Эти туфли тебе как раз? — _____

5. Вы точно знаете, что он не согласится? — _____

6. Вас обрадовала эта встреча? — _____

# 4 POSSESSIVE ADJECTIVES

> *Это Наташин брат.*
> This is Natasha's brother.
> *Сливки делают из коровьего молока.*
> Cream is made from cow milk.

Possessive adjectives denote the ownership of an object by a person or an animal. They are used in response to the questions **чей? чья? чьё? чьи?** (whose?). Possessive adjectives have their own type of declension.*

There are two types of possessive adjectives.

## Type I

is formed from proper names and the nouns denoting people (often - the nouns qualifying degrees of family relation) + suffices **-ин (-ын)** and **-ов (-ев)**.

*мама* + **-ин** → *мамин* (mama's)
*папа* + **-ин** → *папин* (Dad's)
*Таня* + **-ин** → *Танин* (Tanya's)
*отец* + **-ов** → *отцов* (father's)

Adjectives ending in **-ов (-ев)** are rarely used and are usually substituted by a construction with the Genitive:

*отцов дом = дом отца*
father's house

Possessive adjectives have the following forms: the masculine singular, the feminine singular, the neuter singular and the plural:

*папин стол* (m) (Dad's table)
*папина квартира* (f) (Dad's apartment)
*папино письмо* (n) (Dad's letter)
*папины коллеги* (pl.) (Dad's colleagues)

These forms are typical in colloquial Russian.
Many Russian surnames are formed according to the same model:

*Иванов* (the son of Ivan)    *Савельев* (the son of Saveli)
*Сидорова* (the daughter of Sidor)    *Ильин* (the son of Ilia)
*Плотников* (the son of a carpenter)

---

*See pp. 180, 181.

**Possessive adjectives** — **УПРАЖНЕНИЯ**

**1** Transform the following word combinations according to the model.

*Example:* отцов дом — дом отца.

1. Мамин брат — _____

2. Дядина машина — _____

3. Наташины очки — _____

4. Ленин адрес — _____

5. Петин телефон — _____

6. Тётина дача — _____

7. Дедов орден — _____

**2** Explain the origin of the following surnames.

1. Петрова — _____

2. Кузнецов — _____

3. Михайлова — _____

4. Николаева — _____

5. Павлова — _____

6. Кузьмин — _____

7. Столяров — _____

8. Владимиров — _____

9. Фролов — _____

10. Осипов — _____

11. Кучеров — _____

12. Маринина — _____

**3** Put the names and surnames in brackets in the appropriate case.

1. Главной новостью дня было заявление _____ (Владимир Путин).

2. Алла написала письмо _____ (Александр Плотников).

3. Недавно были опубликованы неизвестные стихотворения _____ (Марина Цветаева).

4. Театр на Таганке был создан _____ (Юрий Любимов).

5. Эта поэма была посвящена _____ (Анна Ахматова).

6. Он хотел бы встретиться с _____ (Михаил Горбачёв).

## Type II

is formed from the nouns denoting people or animals + **ий, ья, ье, ьи**

*волк* (a wolf) → *во́лчий глаз* (the wolf's eye)
*оле́нь* (a reindeer) → *оле́нья шку́ра* (reindeer hide)
*коза́* (a goat) → *ко́зье молоко́* (goat milk)
*каза́к* (a Cossack) → *каза́чьи войска́* (Cossack troops)

In this group of possessive adjectives, final consonants of the stem change in the following way:

**к, ц, т → ч**  *за́яц* (hare) — *за́ячий* (hare's)
**х → ш**  *блоха́* (flea) — *блоши́ный ры́нок* (flea market)
**д, г → ж**  *медве́дь* (bear) — *медве́жий* (bear's)

- Possessive adjectives can be found in toponyms (place names):

  *Шереме́тьево* (a Moscow airport)   *Бе́рингов проли́в* (the Bering Strait)
  *Оста́нкино* (a Moscow suburb)   *Ма́рьина ро́ща* (a Moscow suburb), etc.
  *Се́ргиев Поса́д* (a town)

They can also be retraced in some set expressions:

*крокоди́ловы слёзы* (crocodile tears)
*Сизи́фов труд* (Sisyphean task), etc.

Сизи́фов труд

**Possessive adjectives** — **УПРАЖНЕНИЯ**

**4** Put the words in brackets in the appropriate case.

1. Я предпочитаю _____ (овечий сыр).
2. Мы хотим посоветоваться с _____ (Танин папа).
3. Это лекарство сделано на основе _____ (рыбий жир).
4. Я хочу поздравить _____ (все мамины подруги).
5. В то время он был _____ (казачий атаман).
6. Всё было готово к _____ (Татьянин день).
7. Она ничего не знала о _____ (Серёжины друзья)

**5** Transform the following word combinations according to the model.
*Example: медвежьи следы — следы медведя*

1. Кошачий хвост — _____
2. Собачий ошейник — _____
3. Лисий мех — _____
4. Заячьи уши — _____
5. Волчья стая — _____

**6** Name the materials that can be used to make the following products or things.
*Example: сливки — коровье молоко.*
*Сливки можно сделать из коровьего молока.*

1. Козий сыр — козье молоко _____
2. Одеяло — верблюжья шерсть _____
3. Шапка — заячий мех _____
4. Ковёр — овечья шерсть _____
5. Шуба — лисий мех _____
6. Овечий сыр — овечье молоко _____

**7** What do the following expressions mean, and in what situations can they be used? Use a phraseological dictionary, if necessary.

1. Сизифов труд _____
2. Крокодиловы слёзы _____
3. Мартышкин труд _____
4. Ноев ковчег _____
5. Божий дар _____
6. Птичье молоко _____
7. Собачий холод _____

# 5 THE AGREEMENT OF CARDINAL NUMERALS, NOUNS AND ADJECTIVES

> Мы купи́ли два но́вых компью́тера и три интере́сные кни́ги.
> We bought two new computers and three interesting books.

There are three types of agreement between the numerals, nouns and adjectives.

❖ **Оди́н, одна́, одно́, одни́**

**оди́н** ста́рый друг (one old friend)
**одна́** ру́сская актри́са (one Russian actress)
**одно́** но́вое сло́во (one new word)
**одни́** золоты́е часы́ (one gold watch)

***Оди́н, одна́, одно́, одни́*** followed by the adjective agree in gender, case and number with the noun they define.

Мы обсуди́ли одну́ ва́жную пробле́му.
We've discussed one important problem.

❖ **Два (две), три, четы́ре** (in Nom. or Acc. = Nom.)

два ста́р**ых** дру́г**а** (two old friends), три но́в**ых** сло́в**а** (three new words),
четы́ре ру́сск**ие** актри́с**ы** (four Russian actresses)

- For **masculine** and **neuter** nouns

   **два, три, четы́ре + adjective in Gen. pl.+ noun in Gen. sing.**

   Я вы́учил два но́в**ых** сло́в**а**.
   I've learned two new words.

- For **feminine** nouns

   **две, три, четы́ре + adjective in Nom. pl.+ noun in Gen. sing.**

   Две после́дн**ие** неде́л**и** а́вгуста я провёл на Кри́те.
   The last two weeks of August I spent in Crete.

🔸 In conversational Russian it is acceptable to say (it is not a mistake!):

В э́том фи́льме игра́ют две изве́стн**ых** францу́зск**их** актри́с**ы**.
There are two famous French actresses in this film.
(instead of *две изве́стные францу́зские актри́сы*)

❖ **Пять, шесть — два́дцать, три́дцать…** (in Nom. or Acc.= Nom.)

пять ста́р**ых** друз**е́й** (five old friends), шесть но́в**ых** слов (six new words), семь ру́сск**их** актри́с (seven Russian actresses)

**пять (шесть, etc.) + adjective and noun in Gen. pl.**

*Андре́й купи́л пять краси́вых роз.*
Andrei bought five beautiful roses.

❖ In **Gen., Dat., Acc. animate, Instr.** and **Prep.**
the adjective and the numeral agree in case with the noun. The adjective, the numeral and the noun take **the same case**.

*Он написа́л статью́ о дв**ух** изве́стн**ых** францу́зск**их** актри́с**ах**.*
He wrote an article about two famous French actresses.

*Он — а́втор сем**и́** популя́рн**ых** рома́н**ов**.*
He is the author of seven popular novels.

## The agreement of cardinal numerals, nouns and adjectives — УПРАЖНЕНИЯ

**1  Put the words in brackets in the correct form.**

1. У (один мой старый друг) _____ есть дом в Литве.
2. Я позвонила (одна моя подруга) _____
3. Вчера я видела (один американский фильм) _____, но я забыла, как он называется.
4. (Одна моя подруга) _____ пригласили работать на телевидении.
5. Лена познакомилась с (один английский журналист)._____

**2  Do you know how to count in Russian?**

1. (6) американские студенты _____
2. (3) французские фильмы _____
3. (2) новые университеты _____
4. (9) красные розы _____
5. (3) маленькие бутерброды _____
6. (8) красивые женщины _____
7. (4) чайные ложки _____
8. (5) интересные музеи _____
9. (2) новые слова _____

**3  Answer the questions.**

1. Сколько русских балетов вы видели? _____

2. Сколько русских писателей вы знаете? _____

3. Сколько оперных театров в Москве? _____

4. Сколько новых слов вы можете выучить за неделю? _____

5. Сколько французских (английских, русских) фильмов вы видели в этом году? _____

## The agreement of cardinal numerals, nouns and adjectives

**УПРАЖНЕНИЯ**

### 4  Write down the correct forms of the numerals and the words in brackets.

1. Она написала более (30) _____ (короткие рассказы).
2. Она снялась в (7) _____ (популярные фильмы).
3. Юля купила (2) _____ (новые компакт-диски).
4. Мои друзья побывали в (5) _____ (русские города).
5. Олег купил (5) _____ (красивые тюльпаны).
6. Он написал (3) _____ (новые песни).
7. В сборник включено (12) _____ (его новые стихотворения).
8. Олег послал приглашения (8) _____ (школьные друзья).
9. У (2) (мои американские друзья) _____ русские жёны.

### 5  Answer the questions.

1. Сколько русских городов вы знаете? _____
2. Сколько русских романов вы читали? _____
3. Сколько железнодорожных вокзалов в Москве? А в Лондоне? _____
   _____
4. Сколько иностранных языков вы знаете? _____
5. Сколько у вас кредитных карточек? _____
6. Сколько русских имён вы знаете? _____

### 6  Write down the correct forms of the numerals and the words in brackets.

1. Я пригласила в гости (2) _____
   (мои французские подруги).
2. Коля купил (2) _____ (новые костюмы).
3. Сразу в (3) _____ идёт пьеса
   Чехова «Три сестры» (московские театры).
4. Я поехала в Суздаль с (3) _____
   (мои американские друзья).
5. Он автор более (10) _____
   (исторические романы).
6. У него в коллекции около (30) _____
   (старинные автомобили).

25

# 6 DECLENSION OF COMPLEX AND COMPOUND NUMERALS

> Неда́вно нало́г на при́быль был сни́жен с 35% до 24%.
> Recently, the income tax was reduced from 35% to 24%.
> Компа́нии IKEA принадлежи́т о́коло 150 магази́нов в 29 стра́нах.
> IKEA has around 150 stores in 29 countries.

- Complex numerals ending in **-дцать**: пятна́дцать, три́дцать and the like, and in **-десят**: пятьдеся́т, во́семьдесят, and the like, are declined as feminine nouns ending in **-ь**.

In complex numerals in **-десят**, both parts change when declined.

|   | -дцать<br>(11 — 20, 30) | -десят<br>(50, 60, 70, 80) |
|---|---|---|
| N | двена́дцать | се́мьдесят |
| G | двена́дцати | семи́десяти |
| D | двена́дцати | семи́десяти |
| A | двена́дцать | се́мьдесят |
| I | двена́дцатью | семью́десятью |
| P | двена́дцати | семи́десяти |

- In the declension of the numerals 200 (две́сти), 300 (три́ста), 400 (четы́реста) and numerals in **-сот**, both parts change.

|   | две́сти | три́ста | четы́реста | numerals in -сот<br>(500, 600, 700, 800, 900) |
|---|---|---|---|---|
| N | две́сти | три́ста | четы́реста | пятьсо́т |
| G | двухсо́т | трёхсо́т | четырёхсо́т | пятисо́т |
| D | двумста́м | трёмста́м | четырёмста́м | пятиста́м |
| A | две́сти | три́ста | четы́реста | пятьсо́т |
| I | двумяста́ми | тремяста́ми | четырьмяста́ми | пятьюста́ми |
| P | двухста́х | трёхста́х | четырёхста́х | пятиста́х |

# Declension of complex and compound numerals — УПРАЖНЕНИЯ

## 1 Put the numerals in the appropriate form.

1. До (23) _____ лет она жила с родителями.

2. — Сколько ему лет?
   — Точно не помню, но не больше (55) _____

3. В нашем доме более (460) _____ квартир.

4. В этой школе учатся около (950) _____ детей.

5. Товарооборот составил в прошлом году более (53) _____
   _____ миллионов долларов.

6. К (65) _____ годам он имел всё, о чём мечтал.

7. Между (45) _____
   и (50) _____ годами у мужчин бывает кризис среднего возраста.

8. В ближайшие годы компания инвестирует в Россию более (600) _____
   _____ млн. долларов.

9. В этом году на летних курсах русского языка в Твери было более (370) _____
   _____ студентов.

10. Самолёт из Лондона прилетает в Москву между (12) _____
    _____ и часом ночи.

11. Его коллекция насчитывает более (750) _____ картин.

12. Перед Новым годом мы отправили поздравления (260) _____
    _____ клиентам нашей фирмы.

13. Петербургу более (300) _____ лет.

## 2 Complete the sentences, each time using the amount of 5472 rubles in the correct form.

1. Я получил премию — _____

2. Я был очень рад этим _____

3. Я пришёл в магазин с _____
   _____ в кошельке.

4. Я купил костюм за _____

5. И сейчас у меня уже нет _____

6. Но я не жалею о потраченных _____

- **Полтора́** (1,5) has only two forms of declension:

  | Nom., Acc. | полтора́ (m), полторы́ (f) |
  |---|---|
  | Gen., Dat., Instr., Prep. | полу́тора |

  When declined, the nouns with **пол-** *(полго́да, по́лдень, по́лночь, полсо́тни)* change **пол- → полу-** in Gen., Dat., Inst., and Prep. cases.

  *Мы просну́лись о́коло полу́дня.*
  We woke up at around noon.

  *Он рабо́тал на Ки́пре не ме́нее полуго́да.*
  He worked in Cyprus for six months or longer.

- The words **деся́ток** (m), **со́тня** (f), **ты́сяча** (f), **миллио́н, миллиа́рд, триллио́н** (m) are declined like nouns.

  *Реда́кция получи́ла о́коло миллио́на пи́сем.*
  The publisher received around one million letters.

💧 In Inst. case **ты́сяча** has two possible forms: **ты́сячей/ты́сячью**

- In the declension of compound numerals, all parts of the numeral change.

  | N | ты́сяча три́ста пятьдеся́т четы́ре страни́цы |
  |---|---|
  | G | ты́сячи трёхсо́т пяти́десяти четырёх страни́ц |
  | D | ты́сяче трёмста́м пяти́десяти четырём страни́цам |
  | A | ты́сячу три́ста пятьдеся́т четы́ре страни́цы |
  | I | ты́сячей (ты́сячью) тремяста́ми пятью́десятью четырьмя́ страни́цами |
  | P | ты́сяче трёхста́х пяти́десяти четырёх страни́цах |

💧 In modern colloquial speech there is a tendency to decline
  a) only the first and the final component or
  b) only the final component of compound numerals.
  This practice is considered to be incorrect.

  *Бо́лее миллио́на двухсо́т тридцати́ ты́сяч челове́к в э́том году́ купи́ли моби́льные телефо́ны* (correct!).

  *Бо́лее миллио́на две́сти тридцати́ ты́сяч челове́к в э́том году́ купи́ли моби́льные телефо́ны* (incorrect!).
  This year, more than two hundred and thirty thousand people bought mobile phones.

# Declension of complex and compound numerals — УПРАЖНЕНИЯ

## 3 Replace the words in bold.

*Example:* Мы выехали из Петербурга около **12 часов ночи.**

Мы выехали из Петербурга около полуночи.

1. Этот лифт поднимает до **1,5 т** _____ груза.

2. Он вернулся домой около **12 часов дня.** _____

3. С **1,5 лет** она уже пела песенки на двух языках. _____
_____

4. Срок хранения соков — около **0,5 года.** _____

5. Гарантия на диктофоны до **1,5** _____ лет.

6. Лекция продолжается **1,5** _____ часа.

7. В нашем саду не менее **50** _____ деревьев.

## 4 Replace the numbers with words (in the correct form).

1. По каталогу вы можете заказать спортивный костюм по цене около (1600) _____ рублей и свитер по цене около (2350) _____ рублей.

2. «Арбат Престиж» в рамках акции предлагает губную помаду по цене от (89) _____ до (365) _____ рублей, тушь для ресниц по цене от (177) _____ до (344) _____ рублей, шампунь по цене от (51) _____ до (88) _____ рублей, туалетную воду по цене от (390) _____ до (660) _____ рублей.

3. Чтобы приготовить клубничный торт, вам потребуется около (120) _____ граммов муки и (80) _____ граммов крахмала, (6) _____ яиц, около (300) _____ граммов сахара, не более (250) _____ мл сливок, до (800) _____ граммов клубники. Духовку нужно нагреть до (175) _____ градусов и печь торт в течение (25) _____ минут.

# 7 THE FRACTIONS

> *Рейтинг телевизио́нной програ́ммы «Ве́сти» — 7,86%*
> *(семь це́лых во́семьдесят шесть со́тых проце́нта).*
> The rating of the TV programme Vesti is 7.86% (seven wholes eighty six hundredths percent).
> *Э́ти ту́фли сто́ят полторы́ ты́сячи рубле́й.*
> These shoes cost fifteen hundred rubles.

The fractions designate a part of the unit. They are formed by connecting the cardinal numeral with the ordinal one.

$\frac{2}{5}$   две (two) — **cardinal numeral in Nom.**
     пятых (fifths) — **ordinal numeral in Gen. pl.**

1/2 — одна́ втора́я (one half)
1/5 — одна́ пя́тая (one fifth)
0,1 — одна́ деся́тая (one tenth)
0,01 — одна́ со́тая (one hundredth)
0, 001 — одна́ ты́сячная (one thousandth)

**одна́** (f) + **кака́я**
(Nom. sing. of the ordinal numeral)

2/3 — две тре́тьих (two thirds)
2/7 — две седьмы́х (two sevenths)

**две** (f) + **каки́х**
(Gen. pl. of the ordinal numeral)

3/6 — три шесты́х (three sixths)
7/8 — семь восьмы́х (seven eighths)

**Nom. of the cardinal numeral** + **каки́х**
(Gen. pl. of the ordinal numeral)

Both parts of the fraction decline.

2/3 + 1/6 — к дву́м тре́тьим приба́вить одну́ шесту́ю.
(to two thirds add one sixth).

💧 The noun that comes after the fraction always takes **Gen. sing.**:

две тре́тьих бюдже́т**а** (two thirds of the budget),
пять це́лых и три деся́тых проце́нт**а** (5,3%)

When the fractions are used with whole numbers, the word **це́лая** (whole) may be used.

1³/₆ — одна́ (це́лая) и три шесты́х
2¹/₃ — две це́лых и одна́ тре́тья
0,7 — ноль це́лых семь деся́тых
10,4 — де́сять це́лых четы́ре деся́тых
0,25 — ноль це́лых два́дцать пять со́тых
6,725 — шесть це́лых семьсо́т два́дцать пять ты́сячных

**The fractions**  **УПРАЖНЕНИЯ**

**1** **Read and write down in words the following fractions.**

a) 1/5; 3/8; 1/4; 4/7; 2/9; 3/4; 1/32; 9/24

b) 0,2; 0,5; 0,05; 0,003; 0,27; 0,8; 0,125; 0,013; 0,0001

c) 1,5; 1,25; 2,75; 7,84; 12,12

**2** **Solve the following mathematical problems and say them out loud.**

*Example: а) 1,2 + 0,4 = ? К одной целой и двум десятым прибавить ноль целых четыре десятых получится (будет) одна целая шесть десятых.*

1. 1,7 + 0,2 = 

2. 2,3 + 1,3 = 

3. 4,8 + 6,1 = 

*Example: б) 4,2 - 1,1 = ? От четырех целых двух десятых отнять одну целую одну десятую получится (будет) три целых одна десятая.*

1. 5,7 - 0,5 = 

2. 32,9 - 17,4 = 

3. 8,6 - 7,2 =

**Remember:**

| | |
|---|---|
| 1/2 — одна́ втора́я<br>0,5 — ноль це́лых пять деся́тых | полови́на (half) |
| 1/4 — одна́ четвёртая<br>0,25 — ноль це́лых два́дцать пять со́тых | че́тверть (a quarter) |
| 1/3 — одна́ тре́тья | треть (one third) |
| 1,5 — одна́ це́лая (и) пять деся́тых | masc. and n.<br>полтора́ (one and a half)<br>fem.<br>полторы́ (one and a half) |

*Пожа́луйста, полтора́ килогра́мма помидо́ров.*
One and a half kilo of tomatoes, please.

*Он был на мо́ре полторы́ неде́ли.*
He spent a week and a half at the seaside.

 4, 5 — четы́ре с полови́ной
2, 25 — два с че́твертью

*Ми́ше два с полови́ной го́да.*
Misha is two and a half.

**The fractions** — УПРАЖНЕНИЯ

## 3 Write the numbers.

1. две трети — _____

2. три четверти — _____

3. полтора — _____

4. половина — _____

5. одна стотысячная — _____

6. ноль целых две миллионных — _____

## 4 Transform the following expressions according to the model.

*Example:* 2,5 килограмма — два с половиной килограмма.

1. 3,5 тонны _____

2. 8,25 километра _____

3. 4,5 секунды _____

4. 5,5 лет _____

5. 17,5 процентов _____

## 5 Write down the numbers using the words in the correct form.

1. Инфляция в мае была около _____
   _____ (3,4%).

2. Рейтинг премьер-министра достиг _____
   _____ (13,8%).

3. В июне ожидается рост курса доллара на _____
   _____ (2,8%).

4. Вес груза должен быть не более _____
   _____ (3,4 т)

5. Статистика утверждает, что за последние полгода наши доходы выросли на _____
   _____ (5,3%), а за последний год зарплаты
   выросли почти на _____ (1/6).

6. Население Земли, по прогнозам ООН, к 2050 году увеличится на _____
   _____ (2,5) млрд человек.

# 8 THE COLLECTIVE NUMERALS ДВОЕ, ТРОЕ, ЧЕТВЕРО, etc.

> *У неё трое детей.*
> She has three children.
> *Я хочу заказать номер на двоих.*
> I would like to reserve a room for two.

**ДВОЕ, ТРОЕ, ЧЕТВЕРО, ПЯТЕРО, ШЕСТЕРО, СЕМЕРО…***

The collective numerals define the number of people or objects connected in the mind of the speaker in a group. These numerals are used particularly often when the conversation refers to people.

**Compare:** *Три пассажира вошли в вагон.*
Three passengers entered the carriage.
*Трое пассажиров сидят в купе.*
Three passengers are sitting in the compartment of the train.

❖ **Двое, трое… (Nom. and Acc. = Nom.) + Gen. pl. of nouns or personal pronouns**

*двое официантов* (two waiters), *трое друзей* (three friends), *четверо коллег* (four colleagues)

*Нас было трое на встрече.*          *Я купила двое ножниц.*
There were three of us at the meeting.    I bought two pairs of scissors.

In the other cases, the collective numerals agree in case with the nouns they qualify.

*Он пригласил на день рождения только двоих (Acc.) своих друзей (Acc.).*
He invited only two of his friends to his birthday party.

The collective numerals have their own specific type of declension. **

❖ The use of collective numerals is **obligatory:**

- while talking about **people**:
  — using personal pronouns

Вас двое?
Two of you?

**Say:**      *Нас в семье четверо.*
There're four of us in the family.

**Don't say:** *Мы в семье четыре.*

---
*Восьмеро, девятеро, десятеро are rarely used.
**See p. 179.

— when we talk about a group of people, without using a noun or a pronoun

*В комнате находились трое: директор, его заместитель и секретарша.*
There were three people in the room: the director, his deputy and his secretary.

**Don't say:** *В комнате находились три.*

— with the word **дети** (children)

*У него пятеро детей.*
He has five children.

- while talking about **things**:
  — with the nouns which don't have singular forms

  *двое ножниц, трое суток* (two pairs of scissors, three days)

  — with the names of objects that come in pairs

  *трое лыж = три пары лыж* (three pairs of skis)

The collective numerals are never used with other nouns denoting things.

❖ The use of collective numerals is **optional**
when they are used with nouns or pronouns which refer to

- persons of masculine gender

  *трое сыновей = три сына* (three sons)
  *двое друзей = два друга* (two friends)

**But:** *три сестры* (three sisters)

- a group that consists of both men and women

  *трое сотрудников = три сотрудника* (three employers, colleagues)

- children and baby animals

  *двое малышей = два малыша* (two babies)
  *шестеро котят = шесть котят* (six kittens)

❖ In all cases except for the **Nom.**, animate nouns are used more frequently with **cardinal numerals.**

*У неё двое детей.*                *Она поехала отдыхать с двумя детьми.*
She has two children.              She went on holiday with her two children.

❖ In all cases except for the **Nom.** and **Acc.**, inanimate nouns are used only with **cardinal numerals**.

*Мы ехали четверо суток.*          *Мы ехали около четырёх суток.*
We traveled for four days.         We traveled for about four days.

# The collective numerals двое, трое, четверо, etc. УПРАЖНЕНИЯ

**1** Write out the expressions with the collective numerals.

*Example:* друг (3) — трое друзей

1. брат (2) _двое братьев_
2. дети (3) _____
3. врач (4) _____
4. сотрудник (5) _____
5. щенок (6) _шестеро щенков_
6. сутки (2) _____
7. часы (3) _трое часов_
8. студент (7) _семеро студентов_

**2** Transform the sentences by replacing the cardinal numerals with the collective ones.

*Example:* У нас три сына. — У нас трое сыновей.

1. Эту книгу написали четыре соавтора. _четеро соавторов_
2. У кошки родилось пять котят. _____
3. Над этим проектом работают шесть сотрудников. _____
4. Три спортсмена показали одинаковый результат. _____
5. Нас на вечере было пять французов. _____

**3** Use the collective numerals instead of the digits.

*Example:* Официант: — Сколько вас?
Клиент: — Нас _____. (3)
Официант: — Сколько вас?
Клиент: — Нас трое.

1. — Если я не ошибаюсь, вас в группе _____? (6)
   — Нет, сейчас уже _____. (7)
2. За столиком в кафе сидели _____ (3); _____ (2) уже сделали заказ, а третий ещё изучал меню.
3. — У Петровых есть дети?
   — Да. _____. (4)
4. — У вас большая семья?
   — Не очень, нас в семье _____. (5)

36

**The collective numerals двое, трое, четверо, etc.** УПРАЖНЕНИЯ

**4** Use the collective numerals instead of the digits.

1. Мы заказали столик на _____. (6)

2. Вчера по телевизору показывали фильм «Вокзал для _____». (2)

3. Моя собака родила _____ щенков. (5)

4. У нас есть _____(3) французских друзей, у _____ (2) из них русские жёны.

5. У неё _____ (4) детей, и у всех _____ (4) прекрасные музыкальные способности.

6. Из его фронтовых друзей в живых осталось только _____. (4)

7. Он настоящий трудоголик, как говорится, работает за _____. (3)

**5** Use the collective or cardinal numerals instead of the digits. Insert the words in brackets in the correct form. Give variants where possible.

*Example:* Перед входом в банк стоят (2) _____ (охранник).

Перед входом в банк стоят двое охранников /два охранника.

1. Он жил в гостинице (4) _____ (сутки).

2. В проекте участвуют (4) _____ (фирма).

3. У меня (3) _____ (брат).

4. В этом классе 25 учеников. (5) _____ из них — иностранцы, остальные — русские.

5. Около метро находится (2) _____ (киоск).

6. В следующий тур конкурса вышли (4) _____ (участница).

7. Мы прочитали русскую сказку «(7) _____ (козлёнок)».

8. Мы заказали в ресторане столик на _____ (3).

9. Мне нужно купить (2) _____ (рубашка) и (2) _____ (брюки).

❖ The collective numerals are often used in proverbs, sayings and the titles of books, films and plays.

*Семеро одного не ждут.* (proverb)
Seven don't wait for one = it cannot be expected that seven people would wait for just one person.

*«Трое в лодке, не считая собаки»*
"Three Men in a Boat, to Say Nothing of the Dog!" (novel by J.K. Jerome)

*«Двое на качелях»*
"Two for the Seesaw" (play by W. Gibson)

## ВДВОЁМ, ВТРОЁМ, ВЧЕТВЕРОМ, etc.

*Мы поедем в Барселону вчетвером.*
The four of us will go to Barcelona.

## ВДВОЕ, ВТРОЕ, ВЧЕТВЕРО, etc. (two times, three times, four times, etc.)

Вдвое = в два раза

*За три года его доходы выросли вдвое.*
In three years, his income doubled.

**The collective numerals двое, трое, четверо, etc.**

**УПРАЖНЕНИЯ**

**6** Transform the following sentences according to the model.

*Example:* Мой новый компьютер в два раза дороже старого.
Мой новый компьютер вдвое дороже старого.

1. Инфляция выросла в три раза.
   _Инфляция втрое выросла_
2. Его жена в два раза моложе его. _____
3. За это время акции банка выросли в четыре раза.
   _____
4. Зимой яблоки в три раза дороже, чем летом.
   _Зимой яблоки втрое дороже, чем летом_
5. Он заплатил в два раза больше, чем хотел бы.
   _____

**7** Insert the words *трое, втроём, втрое* into the sentences.

1. Анна работает в банке и получает __втрое__ больше, чем её друг.
2. Вчера весь вечер мы __втроем__ играли в карты.
3. Нас было __трое__.

**8** Insert the collective numerals or the words *вдвоём, втроём, вчетвером, впятером*, etc. into the sentences.

*Example:* — Вы поедете на море _____? (2)
— Нет, нас будет _____. (4)
— Вы поедете на море вдвоём?
— Нет, нас будет четверо.

1. — Вы будете __вдвое__ работать над этой проблемой? (2)
   — Нет, что вы, нас в лаборатории __семеро__ (7), один коллега в отпуске, значит, мы будем работать __вшестером__ (6).
2. — Ты не мог бы нам помочь? Нужно передвинуть шкаф. Нам __вдвоем__ (2) тяжело, а __втроем__ (3) мы сможем это сделать.
   — Конечно, помогу. И Дима поможет. Мы __вчетером__ (4) легко это сделаем.
3. — В шахматы можно играть __втроём__? (3)
   — Нет, только __вдвоем__.(2)
4. Наконец-то все ушли, мы остались __двое__ (2) и можем поговорить, что называется, тет-а-тет.
5. — Ты один организовал эту фирму?
   — Нет, нас __четеро__ (4) учредителей, но я ещё и генеральный директор.

# 9 ОБА, ОБЕ

> У А́нны две до́чери, о́бе рабо́тают на телеви́дении.
> Anna has two daughters, they both work in television.

❖ **О́БА** (masc. and neuter) **and О́БЕ** (fem.) (both)

are used with almost all nouns: *о́ба сосе́да* (both neighbours), *о́ба у́ха* (both ears)

У меня́ два бра́та. О́ба бра́та — инжене́ры.
I have two brothers. Both brothers are engineers.

💧 The nouns which don't have a singular form, are not used with **о́ба, о́бе.**

**Don't say:** О́бе брю́ки.    **Say:** О́бе па́ры брюк. (Both pairs of trousers)

❖ **О́БА** = и тот, и друго́й; и то, и друго́е (both this and that, one and the other)
  **О́БЕ** = и та, и друга́я (both this and that, one and the other)

**О́ба, о́бе** are only used when referring to the same word in the phrase, whether implicitly present or implied . Otherwise, such expressions as *и тот, и друго́й; и та, и друга́я,* etc. are used instead.

— Ты купи́ла кра́сную су́мку и́ли зелёную?
— Did you buy the red bag or the green one?
— О́бе (су́мки). = И ту, и другу́ю.
— Both (bags ).= One and the other.

— Кто тебе́ нра́вится, Пётр и́ли Па́вел?
— Who do you like, Piotr or Pavel?
— О́ба (челове́ка).= И тот, и друго́й.
— Both (men).= One and the other.

— Что ты купи́ла, телеви́зор и́ли компью́тер?
— What did you buy, a TV or a computer?
— И то, и друго́е. (О́ба cannot be used.)
— Both.

❖ **О́БА, О́БЕ (in Nom. and Acc.= Nom.) + Gen. sing.**

О́ба кандида́та в президе́нты уча́ствовали в теледеба́тах.
Both presidential candidates participated in televised debates.

In the other cases **О́БА, О́БЕ** agree in case with the noun.

У обо́их кандида́тов бы́ли интере́сные предвы́борные програ́ммы.
Both candidates had interesting campaign platforms.

|  | masc. and neuter | fem. |
|---|---|---|
| N. | о́б**а** | о́б**е** |
| G. | об**о́их** | об**е́их** |
| D. | об**о́им** | об**е́им** |
| A. | inanimate = N., animate = G. | |
| I. | об**о́ими** | об**е́ими** |
| P. | об**о́их** | об**е́их** |

**Оба, обе** — УПРАЖНЕНИЯ

**1** Insert the words *оба, обе* in the correct form.

*Example:* Я люблю Москву и Петербург, _____ города мне одинаково дороги.

Я люблю Москву и Петербург, оба города мне одинаково дороги.

1. У меня есть две подруги. __обе__ живут в Париже.

2. У меня две сестры. У __обеих__ есть дети.

3. Он подготовил два варианта сценария, и __оба__ варианта интересные.

4. Вчера шеф представил нам двух новых коллег. Они __обе__ переводчицы.

5. У меня есть двое хороших друзей. __оба__ занимаются бизнесом.

6. Он держал вазу __обеими__ руками.

**2** Complete the sentences by using the words *оба, обе* or the expressions *и тот, и другой (и то, и другое,* etc.) in the correct form. Give different variants, where possible.

*Example:* — Эта компания производит автомобили или автобусы?

— И то, и другое.

1. — Ты купила туфли или кроссовки?

— __Я купила и то, и другие__

2. У них две дочери и сын. __Оба__ дочери замужем, сын пока не женат.

У них две дочери и сын. __И та, и другая__ дочь замужем, сын пока не женат.

3. — Как ты думаешь, что лучше купить: торт или пирожные?

— Давай купим __и то, и другие__.

4. Не знаю, куда пойти сегодня вечером: на выставку или на балет. Хотелось бы посмотреть __и то, и другой__.

5. У нас с другом много общих интересов: мы __оба__ увлекаемся театром, играем в теннис, любим читать.

6. Какой словарь тебе нужен? Англо-русский или русско-английский?

— Мне нужны __и то, и другой__.

7. Он мечтал побывать в Париже и в Риме.

Этим летом ему удалось посетить __оба__ города.

Этим летом ему удалось посетить __и то, и другой__ город.

# 10     CAM and САМЫЙ

> *Я могу́ сам отремонти́ровать маши́ну.*
> I can repair the car by myself.
> *А́нна живёт в са́мом це́нтре Москвы́.*
> Anna lives right in the center of Moscow.

❖ **САМ, САМА́, САМО́, СА́МИ** are used when:

- they refer to the subject, which is performing an action without any help or influence from anything or anybody

    — *И́ра, тебя́ встре́тить в аэропорту́?*
    — Ira, do you need somebody to meet you at the airport?
    — *Спаси́бо, не на́до, я сама́ доберу́сь.*
    — No, thanks, I'll manage on my own.

    *Ло́дка сама́ продолжа́ла ти́хо плыть по тече́нию.*
    The boat continued to move (on its own) with the current.

    — *Вам помо́чь?*     — *Спаси́бо, не на́до, я сама́.*
    — Do you need help?     — No, thanks, I can do it myself.

- we want to emphasize that we're talking about a particular person or object

    *Отда́й докуме́нты ему́ самому́.*
    Give the documents to him personally.

    — *Что ты ду́маешь об э́той кни́ге?*
    — What do you think about this book?
    — *Я не чита́ла сам рома́н, то́лько реце́нзии.*
    — I haven't read the novel itself, just the reviews.

💧 CAM is often used to emphasize respect of the speaker towards the person in question.

*Ордена́ учёным вруча́л сам президе́нт страны́ (а не мини́стр культу́ры).*
The President himself (and not the Minister of Culture) decorated the scientists.

❖ The pronoun **CAM** is also used along with the pronoun **СЕБЯ́ (СЕБЕ́, СОБО́Й)**:

*Мы ма́ло понима́ем други́х люде́й, но ещё ме́ньше — сами́х себя́.*
We poorly understand other people, but we understand ourselves even less.
*Он ча́сто сам собо́й недово́лен.*
He is often dissatisfied with himself.

In sentences with СЕБЯ the word CAM can agree in case either with the subject or with the word СЕБЯ:

**Compare:**     *Я сам себя́ руга́ю за э́то.*     *Я самого́ себя́ руга́ю за э́то.*
                      I am scolding myself for it.

**Сам and самый** — **УПРАЖНЕНИЯ**

**1** **Respond with a rejection to an offer of help.**

*Example:* — Я хочу поставить словари на полку.
— Андрей, вам помочь?
— Спасибо, я сам поставлю.

1. — Мне нужно перевести эту статью.
   — Оля, тебе помочь?
   — _____

2. — Шеф сказал, что я должна срочно напечатать этот документ.
   — Вера Ивановна, я могу вам помочь.
   — _____

3. — Стул сломался. Сейчас попробую починить.
   — Вася, помощь нужна?
   — _____

4. — Ты посмотри телевизор, а мы с Катей сейчас приготовим ужин.
   — Я мог бы вам помочь.
   — _____

**2** **Put the words in brackets in the appropriate form.**

*Example:* Вчера я говорил с _____ (сам министр).
Вчера я говорил с самим министром.

1. Мы подошли к _____ и передали поздравления от имени дирекции. (сам юбиляр)

2. Я только покажу вам квартиру. А об оплате нужно говорить с _____. _____(сама хозяйка)

3. Расписание движения поездов висит перед входом в вокзал, а кассы находятся в _____. (само здание)

4. Эти вопросы лучше задать _____. (сами авторы проекта)

5. — Андрей снял квартиру?
   — Не знаю, спросите об этом _____.(он сам).

**3** **Complete the sentences, using the construction *сам+себя*. Give all possible variants.**

*Example:* Он говорил _____: «Ты сильный! Ты победишь!»
Он говорил самому себе/сам себе: «Ты сильный! Ты победишь!»

1. Когда у неё было неважное настроение, она покупала _____ маленькие подарки.

2. Мы часто спрашиваем _____: «В чём смысл жизни?»

3. Мы не всегда понимаем других людей. Но всегда ли мы понимаем _____?

4. Он не хотел признаться даже _____, что испугался.

**Remember:**
само́ собо́й разуме́ется (= коне́чно) (by all means, it goes without saying)
само́ собо́й поня́тно (it goes without saying, obviously)
сам по себе́ (on its own, in its own right)

*Сам по себе́ прое́кт неплохо́й, но, бою́сь, сли́шком дорогостоя́щий.*
On its own, the project isn't bad, but I am afraid it is too costly.

❖ **СА́МЫЙ, СА́МАЯ, СА́МОЕ, СА́МЫЕ** are used:

- to form the superlative degree of adjectives*
- with the nouns defining place or time, to show the limit of place or the time of action:

*Доми́к стоя́л у са́мого ле́са.*
The little cottage stood right near the woods.
*Повтори́те всё с са́мого нача́ла до са́мого конца́.*
Repeat everything from the very beginning to the very end.

**Э́ТОТ (Э́ТА, Э́ТО, Э́ТИ) + СА́МЫЙ (СА́МАЯ, СА́МОЕ, СА́МЫЕ)** = «и́менно э́тот»
(exactly this one)

**ТОТ (ТА, ТО, ТЕ) + СА́МЫЙ (СА́МАЯ, СА́МОЕ, СА́МЫЕ)** = «и́менно тот»
(exactly that one)

*Э́то тот са́мый челове́к, о кото́ром я тебе́ расска́зывала.*
This is the very person that I told you about.

**САМ and СА́МЫЙ** agree in gender, number and case with the words they define.

*Я мно́го о ней слы́шал, но с ней само́й не знако́м.*
I heard a lot about her, but I haven't met her personally.
*Мы стоя́ли на са́мом верху́ горы́.*
We stood at the very top of the mountain.

### Declension of the pronouns САМ and СА́МЫЙ

|   | singular | | | | plural | |
|---|---|---|---|---|---|---|
|   | masc. and neuter | | fem. | | | |
| N | сам (m.)<br>само́ (n.) | са́мый (m.)<br>са́мое (n.) | сама́ | са́мая | са́ми | са́мые |
| G | самого́ | са́мого | само́й | са́мой | сами́х | са́мых |
| D | самому́ | са́мому | само́й | са́мой | сами́м | са́мым |
| A inanim. | сам (m.)<br>само́ (n.) | са́мый (m.)<br>са́мое (n.) | саму́ | са́мую | са́ми | са́мые |
| anim. | самого́ (m.) | са́мого (m.) | | | сами́х | са́мых |
| I | сами́м | са́мым | само́й | са́мой | сами́ми | са́мыми |
| P | само́м | са́мом | само́й | са́мой | сами́х | са́мых |

Pay attention to the differences in the location of stress in the forms of the pronouns САМ and СА́МЫЙ.

---
*See "A Living Russian Grammar", part I, p.102.

## Сам and самый — УПРАЖНЕНИЯ

**4** Complete the sentences, using the pronoun *сам* and the expressions, *сам по себе, само собой разумеется, само собой понятно.* Give all possible variants.

1. _____, что жизнь в мегаполисе сильно отличается от жизни в маленьких городах.

2. _____, что эта история не могла хорошо кончиться.

3. _____ этот галстук красивый, но мне кажется, что к этому костюму он не подходит.

4. — Я надеюсь, вы мне поможете?
   — _____, я же _____ предложил вам свою помощь.

**5** Put the words in brackets in the appropriate form.

*Example:* Мы сидели в _____ баре, где познакомились год назад. (тот самый)
— Мы сидели в том самом баре, где познакомились год назад.

1. Это (тот самый) _____ дом, где мы жили 20 лет назад.

2. Он наконец решился признаться ей в любви, но в _____ раздался звонок в дверь. (эта самая минута)

3. В новом телесериале мы встречаемся с _____, которых мы успели полюбить по предыдущим фильмам. (те самые актёры)

4. Когда я буду в Париже, я обязательно зайду в _____, в котором любил курить свою трубку Жорж Сименон. (то самое кафе)

**6** Complete the sentences, using the pronoun *самый* in the appropriate form.

*Example:* Он с _____ детства любил танцевать.
Он с самого детства любил танцевать.

1. С _____ утра до _____ вечера шёл дождь.

2. Папка лежала на _____ краю стола.

3. Он сохранил ясность ума до _____ старости.

4. Вокзал расположен в _____ центре города.

5. Они шли по _____ берегу реки.

6. Давайте повторим всё с _____ начала и до _____ конца.

7. Об этом говорится в _____ начале статьи.

# 11  VERB ASPECTS IN THE PAST TENSE*

— Э́то была́ твоя́ кни́га?  
— Was it your book?  
— Я брала́ э́ту кни́гу у Ната́ши.  
— I borrowed this book from Natasha.

— Э́то твоя́ кни́га?  
— Is it your book?  
— Нет, я взяла́ её у Ната́ши.  
— No, I borrowed it from Natasha.

Я не учи́ла испа́нский язы́к.  
I didn't study Spanish.

❖ Some verbs in the past tense can express the annulment of the action's result.

| Imperfective | Perfective |
|---|---|
| Моя́ сестра́ **приезжа́ла** в Москву́. (Она́ была́ в Москве́, но сейча́с её нет.) My sister visited Moscow. (She was in Moscow, but now she isn't in Moscow any longer.) | Моя́ сестра́ **прие́хала** в Москву́. (Она́ сейча́с в Москве́.) My sister has arrived in Moscow. (She is in Moscow now.) |
| The result of the action has already been annulled by the time of this statement. | The action ended in the past, but its result continues in the present. |

The meaning of **the result's annulment** is typical for the following verbs:

*брать — взять* (to take)  
*дава́ть — дать* (to give)  
*открыва́ть — откры́ть* (to open)  
*закрыва́ть — закры́ть* (to close)  
*убира́ть — убра́ть* (to put away; to clean)  
*включа́ть — включи́ть* (to switch on)  
*выключа́ть — вы́ключить* (to switch off)  
*ста́вить — поста́вить* (to put (up/on); to set; to place)  
*класть — положи́ть* (to lay (down); to put down)  
*ложи́ться — лечь* (to lie (down))  
*встава́ть — встать* (to get up)

and the verbs of motion with prepositions:

*уходи́ть — уйти́* (to walk away)  
*уезжа́ть — уе́хать* (to move away; to leave (in a vehicle))  
*приходи́ть — прийти́* (to arrive (on foot))  
*заходи́ть — зайти́* (to come in; to stop by)  
*приезжа́ть — прие́хать* (to arrive (in a vehicle))  
*приноси́ть — принести́* (to bring)  
*привози́ть — привезти́* (to bring (in a vehicle)), etc.

___
*See "A Living Russian Grammar", part I, p. 62.

# Verb aspects in the past tense — УПРАЖНЕНИЯ

## 1  Insert the required verb aspects in the past tense. Has the action's result been annulled or preserved?

1. **открывать — открыть** (Окно закрыто.)
   — Ты не хочешь проветрить комнату?
   — Я недавно _____ окно.

   (Окно открыто.)
   — Кто _____ окно?
   — Не знаю, может быть, Наташа.

2. **брать — взять** (Мамин миксер у меня.)
   — Это ваш миксер?
   — Нет. Я _____ у мамы.

   (Я вернула миксер маме.)
   — Почему ты _____ миксер у мамы?
   — Потому что мой сломался.

3. **давать — дать** (Мой фотоаппарат сейчас у Людмилы.)
   — Почему мы не можем сегодня фотографировать?
   — Потому что я _____ мой фотоаппарат Людмиле.

   (Людмила вернула мне фотоаппарат.)
   — В субботу я не мог найти твой фотоаппарат.
   — Я _____ его Людмиле.

## 2  Insert the appropriate verb aspect in the past tense.

1. Марина здесь?
   — Да, она _____. (приходить — прийти)

2. Вы сегодня весь день были дома?
   — Нет, я _____. (уходить — уйти)

3. Вы видели Наташу сегодня?
   — Да, она _____. (заходить — зайти)

4. Ты не забыл минеральную воду?
   — Да, я _____. (приносить — принести)

5. Эта картина сейчас в вашей московской квартире?
   — Да, я _____ её. (привозить — привезти)

6. Вы были в августе в Москве?
   — Нет, я _____ в отпуск. (уезжать — уехать)

7. Ольга здесь?
   — Нет, она _____. (уходить — уйти)

8. Ты не можешь дать мне почитать мемуары Шаляпина?
   — К сожалению, у меня их уже нет. Это была не моя книга. Я _____ в библиотеке. (брать — взять)

9. Почему вино стоит в холодильнике?
   — Я не знаю, кто _____ его туда. (ставить — поставить)

❖ **не + imperfective** or **не + perfective?**

| Imperfective | Perfective |
|---|---|
| *Я **не учи́л** э́ти глаго́лы.*<br>I didn't study these verbs.<br><br>*Он **не сдава́л** экза́мены, потому́ что он был бо́лен*<br>He didn't take the exams because he was ill.<br><br>The subject didn't begin the action. | *Я **не вы́учил** э́ти глаго́лы.*<br>I haven't learned these verbs.<br><br>*Он **не сдал** экза́мены, потому́ что был не гото́в.*<br>He failed the exams because he wasn't prepared.<br><br>The action took place but didn't produce a result. |

- We use **не + perfective** to indicate that an action that was supposed to take place did not take place or that the expected result of an action did not take place.

    *Почему́ он не пришёл?*
    Why didn't he come?
    *Почему́ ты мне не позвони́ла вчера́?*
    Why didn't you call me yesterday?
    *Мне фильм не понра́вился.*
    I didn't like the film.

**Verb aspects in the past tense**  УПРАЖНЕНИЯ

**3** **Complete the following dialogues using the correct verb aspect. Say that you haven't begun the action yet.**

1. *давать — дать*
   — У Паскаля есть ваш номер телефона?
   — Нет, я ему не _____ мой телефон.

2. *ложиться — лечь*
   — Я вас разбудила?
   — Нет, я ещё не _____.

3. *готовить — приготовить*
   — Что у нас на ужин?
   — Я не _____ ужин сегодня.

4. *искать — найти*
   — Вы так и не нашли свои очки?
   — Я не _____.

5. *мерить — померить*
   — У вас высокое давление?
   — Сегодня я ещё не _____ его.

**4** **Complete the dialogues using the correct verb aspect. Say that the action took place but hasn't produced the result or the action that was supposed to take place did not take place.**

1. *искать — найти*
   — Вы купили последний диск Аллы Пугачёвой?
   — Нет, я его не _____.

2. *сдавать — сдать*
   — Я слышала, что у Николая какие-то проблемы?
   — Да, он не _____ экзамен.

3. *учить — выучить*
   — Вы хорошо знаете это стихотворение?
   — Я учила его весь вечер, но так и не _____.

4. *решать — решить*
   — Куда вы едете отдыхать?
   — Мы много говорили об этом, но так и не _____.

5. *приходить — прийти*
   — Костя уже у тебя?
   — Нет, он ещё не _____.

# 12 ASPECTS IN THE INFINITIVE

> *Он на́чал снима́ть но́вый фильм.*
> He began to shoot a new film.
> *Нельзя́ два́жды войти́ в одну́ ре́ку.*
> It's impossible to walk into the same river twice.

The aspect in the infinitive often depends on the word which the infinitive defines.

❖ **The verbs, after which only the imperfective is used, are:**

**A.** начина́ть — нача́ть (to begin, to start)
   зака́нчивать — зако́нчить (to finish, to be in the process of completion)
   конча́ть — ко́нчить (to finish, to be in the process of completion)
   продолжа́ть — продо́лжить (to continue)
   стать (to begin, to start)
   переставáть — переста́ть (to stop (doing something))

   *Андре́й на́чал изуча́ть эконо́мику 2 го́да наза́д.*
   Andrei began to study economics 2 years ago.

**B.** устава́ть — уста́ть (to be/get tired)   запреща́ется (it is prohibited)
   надоеда́ть — надое́сть (to be fed up, tired of something)

   *Мне надое́ло обсужда́ть э́ту те́му.*
   I am tired of discussing this subject.

**C.** учи́ться — научи́ться — разучи́ться (to study — to learn — to forget how to do something)
   привыка́ть — привы́кнуть (to get used to)
   отвыка́ть — отвы́кнуть (to become unaccustomed, to lose the habit of)
   люби́ть — полюби́ть — разлюби́ть (to love — to fall in love — to fall out of love)

   *Светла́на учи́лась танцева́ть в де́тстве.*
   Svetlana learned to dance in her childhood.

❖ **The verbs, after which only the perfective is used, are:**

суме́ть (to be able to, to manage)   уда́ться (to succeed)
забы́ть (to forget)   успе́ть (to make it (time wise), to do something in time)

*Он суме́л убеди́ть меня́ в том, что он прав.*
He managed to convince me that he was right.

# Aspects in the infinitive
**УПРАЖНЕНИЯ**

**1** Describe how you studied Russian using the verbs from parts A, B, C.

_____
_____
_____
_____
_____

**2** Use the correct aspect of the verb.

1. *(объяснять — объяснить)*
   Он не сумел _____, как это случилось.

2. *(записывать — записать)*
   Он забыл _____ мой телефон.

3. *(находить — найти)*
   Мне не удалось _____ его адрес.

4. *(предупреждать — предупредить)*
   Анна не успела _____ его об отъезде.

5. *(заказывать — заказать)*
   Нам не удалось _____ гостиницу.

**3** Use the correct aspect of the verb.

1. *(платить — заплатить)*
   Я забыла _____ за квартиру.

2. *(отдыхать — отдохнуть)*
   Мой отец любит _____ на Байкале.

3. *(ставить — поставить)*
   Запрещается _____ машины на тротуаре.

4. *(готовить — приготовить)*
   Маша научилась _____, когда вышла замуж.

5. *(зарабатывать — заработать)*
   Андрей стал много _____.

6. *(ложиться — лечь)*
   Он привык _____ поздно.

7. *(повторять — повторить)*
   Анне надоело _____ одно и то же.

8. *(проверять — проверить)*
   Я не успела _____ ваш текст.

### ❖ Imperfective or Perfective?

- After **на́до (ну́жно)** (need(-ed)), **мо́жно** (allowed, possible), **до́лжен** (must) and the verbs **мочь** (to be able to), **хоте́ть** (to want), **проси́ть** (to request), **сове́товать** (to advise), **уме́ть** (to know how to do smth.) and similar ones, the selection of the verb aspect is determined by the following opposition:

repetitive action / single action<br>or<br>process / result

*Я сове́тую вам покупа́ть о́вощи на ры́нке.* (repetitive action)
I advise you to buy vegetables at the farmers' market.
*Ната́ша сове́тует мне купи́ть торт в магази́не «Седьмо́й контине́нт»* (single action).
Natasha is advising me to buy a cake at the supermarket "Sed'moy Kontinent".

- After **на́до, ну́жно, мо́жно, до́лжен**

| imperfective | perfective |
|---|---|
| *На́до ложи́ться спать.*<br>(I/you/we/they) need to go to bed. | *На́до лечь спать в 11 часо́в.*<br>(I/you/we/they) need to go to bed at 11 o'clock. |
| action is possible or desirable at the present time | action is possible or desirable in the future |

- After

| | |
|---|---|
| **не на́до** (not needed, no need) | **не при́нято** (is not acceptable) |
| **не ну́жно** (not needed, no need) | **не хо́чется** (I/you/etc.) don't feel like) |
| **не сле́дует** (is not recommended) | **дово́льно** (quite enough) |
| **не́зачем** (no point) | **доста́точно** (enough) |
| **не сто́ит** (not worth) | **хва́тит** (is/will be enough; stop (as imperative)) |
| **не сове́тую** (I don't advise) | **вре́дно** (bad for you, unhealthy) |
| **лу́чше не** (it's better not to) | |

+ imperfective infinitive

*Не на́до приходи́ть зара́нее.*  *Хва́тить болта́ть.*
There is no need to arrive too early.  Stop chatting.

Лу́чше не начина́ть э́тот разгово́р.<br>It's better not to start this conversation.

- *На́до <u>сказа́ть</u> (perf.) ему́ об э́том.* → *Не на́до <u>говори́ть</u> (imperf.) ему́ об э́том.*
(We) need to tell him about it.   (We) don't need to tell him about it.

# Aspects in the infinitive — УПРАЖНЕНИЯ

## 4 Use the correct aspect of the verb.

1. Старайся всегда _____ спокойно (говорить — сказать).
2. Нужно _____ цветы два раза в неделю (поливать — полить).
3. Попытайся _____ ей это (объяснять — объяснить).
4. К сожалению, сейчас я не могу вам ничем _____ (помогать — помочь).
5. Вы не могли бы _____ Ольге эту книгу? (передавать — передать).
6. _____ по вечерам никогда не хочется (работать — поработать).

## 5 Use the correct aspect of the verb.

1. Мне не хочется рано _____ (вставать — встать).
2. Не стоит _____ здесь на неделю (оставаться — остаться).
3. Лучше не _____ (опаздывать — опоздать).
4. Хватит _____ об этом (спорить — поспорить).
5. Незачем _____ новый компьютер (покупать — купить).
6. Не нужно ни с кем _____ эту проблему (обсуждать — обсудить).

## 6 Say what kinds of actions are not acceptable in your country.

*Example:* В России не принято дарить чётное количество цветов; говорить незнакомым людям «ты».

_____
_____
_____

## 7 Transform the following sentences according to the model.

*Example:* Надо сказать ему об этом. Не надо говорить ему об этом.

1. Нужно принести завтра паспорт. _____
2. Я вам советую обратиться в эту фирму. _____
3. Вам следует заказать билеты в театр заранее. _____
4. Надо купить абонемент в фитнес-клуб. _____
5. Ему хочется выпить шампанского. _____
6. Я вам советую поехать в Сочи зимой. _____

## Запрещено или невозможно?

❖ Prohibited or impossible?

**Нельзя + imp. inf.**
expresses prohibition

*Нельзя переходить улицу
на красный свет.*
It is prohibited to cross
the street on a red light.

*В комнату нельзя входить:
там спит ребёнок.*
It's not allowed to enter the room:
the baby is sleeping in there.

**Нельзя + perf. inf.**
expresses impossibility

*Здесь нельзя перейти улицу:
движение слишком интенсивное.*
It is impossible to cross the street here:
the traffic is too heavy.

*В комнату нельзя войти:
мы потеряли ключ.*
It's impossible to enter the room:
we've lost the key.

 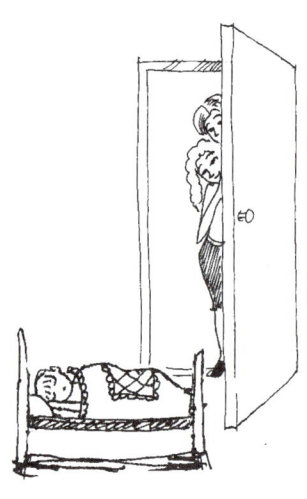

В комнату нельзя входить: там спит ребёнок.

💧 **Нельзя + imperfective verbs жить** (to live), **любить** (love), **дышать** (to breathe), etc. can express a prohibition (or advice) as well as the impossibility of an action.

*Здесь нельзя жить: здесь очень холодно и сыро.*
It's not possible to live here: it's very cold and damp.

*Нельзя так жить!*
You can't live like that!

*Под водой нельзя дышать.*
Under water it's impossible to breathe.

# Aspects in the Infinitive

**УПРАЖНЕНИЯ**

## 8 Prohibited or impossible? *(Это запрещено или невозможно?)*

1. *(смотреть — посмотреть)*
   Нельзя _____ телевизор 10 часов в день.

2. *(читать — прочитать)*
   Эту инструкцию нельзя _____ : слишком мелкий шрифт.

3. *(выписывать — выписать)*
   Нельзя _____ газету только на 2 недели.

4. *(собирать — собрать)*
   Нельзя _____ грибы в городских парках.

5. *(ремонтировать — отремонтировать)*
   Нельзя _____ машину за 10 минут.

## 9 Tell a five-year old child what s/he is not allowed to do.

*Example:* Нельзя одному ездить в лифте.

_____
_____
_____
_____
_____

## 10 In a conversation, you disagree with your partner. Use *не надо, не нужно, не стоит, лучше не* and similar words in your arguments. Explain your position.

*Example:* — Лучше купить фрукты в супермаркете.
— Не стоит покупать там фрукты, на рынке они стоят дешевле.

1. — Нам нужно приехать в аэропорт часов в восемь.
   — _____

2. — Надо спросить официанта, что такое «уха».
   — _____

3. — Смотри, какой пляж! Я хочу искупаться здесь.
   — _____

4. — Я хочу поступить в театральный институт.
   — _____

# 13 VERB ASPECTS IN THE IMPERATIVE

*Запиши́те мой телефо́н.*
Write down my phone number.
*Не откла́дывай на за́втра то, что мо́жно сде́лать сего́дня.*
Don't put off till tomorrow what can be done today.

❖ In Russian, the imperative is widely used to ask for something, to give advice or to give an order

*Проходи́те, сади́тесь, пожа́луйста.*
Come in, sit down, please.

*Сро́чно отпра́вьте э́тот факс.*
Send this fax immediately.

*Позвони́те мне сего́дня ве́чером, пожа́луйста.*
Call me tonight, please.

The imperative can express a polite request if it is used with the words:

**пожа́луйста** (please)
**бу́дьте добры́** (would you be so kind; please)
**бу́дьте любе́зны** (would you be so kind; please), etc.

**е́сли не тру́дно** (if it's no trouble)
**е́сли вы не про́тив** (if you don't mind)

*Бу́дьте добры́, позови́те Ната́шу.*
Could you, please, call Natasha in.

❖ Perfective and imperfective verbs are used in the imperative according to their general aspect meanings.

| Imperfective | Perfective |
|---|---|
| When we request, recommend, demand, advise, invite, prompt ||
| 1. to perform an action **regularly, always:**<br><br>*Принима́йте э́то лека́рство ка́ждый ве́чер.*<br>Take this medicine every evening. | 1. to perform **a specific single action:**<br><br>*Сего́дня ве́чером прими́те э́то лека́рство.*<br>Take this medicine tonight. |
| 2. **to begin or continue an action as a process** (without the notion of its finality, completion or result):<br><br>*Пётр, чита́йте текст, переводи́те.*<br>Peter, read the text, translate.<br><br>*Говори́те, говори́те, я вас слу́шаю.*<br>Keep talking, I am listening to you. | 2. to perform an action which **will be completed, with a result**, by a certain (implied) time:<br><br>*До́ма прочита́йте и переведи́те текст.*<br>At home, read and translate the text. |

# Verbs aspects in the imperative

**УПРАЖНЕНИЯ**

**1** **Transform the sentences in such a way that the verb will express a repetitive action.**

*Example:* Позвоните мне вечером после девяти.
— Всегда звоните мне вечером после девяти.

1. Сделай сегодня утром гимнастику. — Каждое утро _____.
2. Напиши мне письмо. — Почаще _____.
3. Купите этот журнал. — Всегда _____.
4. Погуляйте перед сном, чтобы не болела голова. — Регулярно _____
   _____.
5. У вас нет словаря? Возьмите мой. — Если вам будет нужен словарь, _____
   _____.
6. Сегодня холодно. Оденьтесь потеплее. — В России зимой холодно, _____
   _____.

**2** **Insert the verb in brackets in the appropriate aspect.**

*Example:* (помогайте/помогите) _____ мне перевести эту статью.
— Помогите мне перевести эту статью.

1. (говорите/ скажите) Всегда _____ с русскими друзьями только по-русски.
2. (смотрите/посмотрите) Обязательно _____ этот фильм. Он очень интересный.
3. (принимайте/примите) _____ лекарство 3 раза в день перед едой.
4. (давай/дай) _____ мне, пожалуйста, зажигалку, я не могу найти свою.

**3** **Give a recommendation or make a request to perform certain actions.**

*Example:* Вы еще не читали эту статью? Прочитайте, она интересная.

1. Вы не пробовали узбекский плов? _____
2. Вы не спрашивали её об этом? _____
3. Ты не говорил об этом родителям? _____
4. Вы не звонили в офис? _____
5. Вы не советовались с коллегами? _____

**4** **Complete the request with an imperative.**

*Example:* (записывать/записать) — _____ мой телефон. У вас нет ручки?
Есть? _____.
Запишите мой телефон. У вас нет ручки? Есть? Записывайте.

1. (класть/положить) _____ книги на стол… Одну минуту, я уберу бумаги.
   Вот теперь _____.
2. (подписывать/подписать) _____ этот документ. Только сначала
   прочитайте его. Прочитали? Тогда _____.
3. (посылать/послать) _____ этот документ по факсу нашим партнёрам,
   но перед этим исправьте дату. Исправили? Тогда _____.
4. (переводить/перевести) _____ текст, но сначала прочитайте
   его до конца. Прочитали? Теперь _____.

❖ **In a dialogue:**

| The **imperfective** verb in the response expresses **permission:** | The **perfective** verb in the response expresses **agreement:** |
|---|---|
| — *Я откро́ю окно́?* <br> — Shall I open the window? <br> — *Открыва́й.* <br> — Yes, please, open it. | — *Я откро́ю окно́?* <br> — Shall I open the window? <br> — *Откро́й.* <br> — Ok, open it. |

## Use of the imperative for negation

### Не + imperfective imperative

is used regardless of the fact whether the verb refers to a repetitive action or a single action; to a process or a result.

*Не звони́те мне по́сле 23.*
Don't call me after 11 p.m.

*Не буди́ меня́ за́втра.*
Don't wake me up tomorrow.

— *Мо́жно вы́ключить свет?*
— *Не выключа́йте.*

— May I turn off the lights?
— Don't.

### не + perfective imperative

is used only to express **a warning or apprehension.**

*У вас ма́ло вре́мени. Не опозда́йте на по́езд.*
You have little time. Don't be late for your train.

*Твой па́спорт лежи́т на столе́. Не забу́дь его́.*
Your passport is on the table. Don't forget it.

To express a warning, we frequently use the following verbs:

| | |
|---|---|
| забы́ть (to forget) → не забу́дь | проли́ть (to spill) → не проле́й |
| упа́сть (to fall down) → не упади́ | потеря́ть (to lose) → не потеря́й |
| заблуди́ться (to get lost) → не заблуди́сь | урони́ть (to drop) → не урони́ |
| опозда́ть (to be late) → не опозда́й | разби́ть (to break) → не разбе́й |

*Смотри́, не опозда́й на самолёт.*
Be careful not to miss your plane.

# Verb aspects in the imperative — УПРАЖНЕНИЯ

**5** **Read the dialogues and decide which one grants permission and which expresses agreement.**

а) — Можно, я оставлю у вас бумаги для Новикова?
— Оставляйте.

б) — Можно, я оставлю у вас бумаги для Новикова?
— Оставьте.

**6** **Respond to your conversation partner using the following model.**
*Example:* Я не хочу смотреть этот фильм. — *Не смотри.*

1. Я не хочу есть это пирожное. — _____
2. Я не хочу включать телевизор. — _____
3. Я не хочу покупать Маше розы. — _____
4. Я не хочу оставлять машину на тротуаре. — _____
5. Я не хочу оставаться здесь ещё на один день. — _____
6. Я не хочу брать его с собой на охоту. — _____

**7** **Advise your conversation partner against the action s/he is planning to do.**
*Example:* Взять зонт? — *Не бери, дождя не будет.*

1. Проводить вас в аэропорт? — _____, нас отвезёт шофер.
2. Купить это платье? — _____, оно тебя полнит.
3. Написать ей, что ты приезжаешь? — _____, это будет сюрприз.
4. Заказать билеты в театр на воскресенье? — _____, я не уверена, что смогу пойти.
5. Я хочу посмотреть этот фильм. — _____, он скучный.

**8** **Express a warning.**
*Example:* Ваш знакомый никогда не гулял в этом городе, вы опасаетесь, что он может <u>заблудиться</u>. — *Смотри, не заблудись.*

1. Ваша подруга очень рассеянная, часто что-то теряет и забывает. Вы даёте ей важный документ, но опасаетесь, что она может его <u>потерять</u>.
   _____

2. Ваша дочь помогает вам накрывать на стол. Она хочет налить сок в стаканы, а вы опасаетесь, что она может <u>пролить</u> сок.
   _____

3. Ваш коллега «переезжает» в другой кабинет и переносит туда свои вещи. Он взял в руки слишком много дискет, и вы опасаетесь, что он может <u>уронить</u> их.
   _____

4. Вы с друзьями на экскурсии в старинной крепости, вы поднимаетесь на стену по крутой лестнице. Вы предупреждаете тех, кто идёт за вами, что тут они могут <u>упасть</u>.
   _____

5. Вы с друзьями зимой на даче. Ваш друг решил походить босиком по снегу. Вы опасаетесь, что после этого он может <u>заболеть</u>.
   _____

# 14 VERBS OF MOTION (TRANSITIVE) WITH PREFIXES

> *Принеси́те, пожа́луйста, ещё оди́н бока́л.*
> Please bring one more wine glass.
> *О́льга отвела́ сы́на в де́тский сад.*
> Olga took her son to the kindergarten.
> *Что вам привезти́ из Фра́нции?*
> What do you want me to bring you from France?

The verbs **вести́ — води́ть** (to lead)
**нести́ — носи́ть** (to carry)
**везти́ — вози́ть**\* (to carry in a vehicle)
can be used with the prefixes carrying spatial meanings.

**imperf.** **perf.**
**при**води́ть — **при**вести́ (to bring by walking, to lead)
**при**носи́ть — **при**нести́ (to bring by walking, to fetch, to carry)
**при**вози́ть — **при**везти́ (to bring in a vehicle)
**у**води́ть — **у**вести́ (to take away by walking)
**у**носи́ть — **у**нести́ (to take/carry away by walking)
**у**вози́ть — **у**везти́ (to take away in a vehicle), etc.

The meanings of the prefixes are similar to the meanings of the prefixes of the intransitive verbs of motion.\*\*

*Он **прие́хал** из Пари́жа и **привёз** мне су́мку в пода́рок.*
He came back from Paris and brought me a bag as a gift.
*Воло́дя вчера́ **пришёл** к нам в го́сти и **принёс** торт.*
Yesterday Volodya came to see us and brought a cake.

Transitive verbs with the prefix **от-** mean "to deliver the object to a certain place".

*Я отнесу́ брю́ки в химчи́стку.*
I'll take the trousers to the drycleaner's.
*Ната́ша отвезла́ докуме́нты в посо́льство.*
Natasha took the documents to the Embassy.
*Я отведу́ Ма́шу в шко́лу и позвоню́ тебе́.*
I'll take Masha to school and call you.

💣 The verb **подвезти́** means "to give a lift; to give a ride".

*Я е́ду в центр, е́сли нам по пути́, я могу́ вас подвезти́.*
I am going downtown and if that's where you're headed, I'll give you a lift.

---

\*See "A Living Russian Grammar", part I, p. 74.
\*\* See "A Living Russian Grammar", part I, p. 76.

**Verbs of motion (transitive) with prefixes** — **УПРАЖНЕНИЯ**

**1** Replace the intransitive verbs of motion with the transitive ones.

*Example:* Он всегда приходит с цветами.
— Он всегда приносит цветы.

1. Саша ушёл с моими ключами. — _Саша унёс мои ключи_

2. Я приеду с детьми. — _Я привезу детей_

3. Он придёт в 5 часов с моим паспортом. — _Он ~~приведёт~~ несёт мой паспорт в 5 часов_

4. Анна всегда приезжает к родителям с сыном. — _Анна всегда привозить сына к родителям_

5. Я заеду к вам с билетами. — _Я завезу к вам билеты_

6. Он пришёл с подругой. — _Он привёл свою подругу_

7. Грузовик приехал с нашей мебелью. — _Грузовик привёз нашу мебель_

8. Он всегда приходит с бутылкой вина. — _Он всегда ~~приведёт~~ носит бутылку вина_

**2** Insert the transitive verbs of motion with prefixes.

*Example:* Наташа приехала из Испании и _____ мне в подарок бутылку хорошего вина.
— Наташа приехала из Испании и привезла мне в подарок бутылку хорошего вина.

1. Когда Олег приходил к нам в гости, он всегда _____ мои любимые пирожные.

2. Ты можешь приехать ко мне и _____ фотографии?

3. Мы уже переехали на новую квартиру, но ещё не _____ мебель.

4. Он ушёл и случайно _____ мой зонт.

5. Я завтра утром уеду на дачу и _____ туда старый телевизор.

6. Когда он приезжал ко мне в больницу, он всегда _____ цветы.

61

**раз**возѝть — **раз**везтѝ
(to deliver, in/on a vehicle)
**раз**носѝть — **раз**нестѝ
(to deliver, on foot)
**раз**водѝть — **раз**вестѝ
(to separate, to pull apart)

movement from one place to many different places

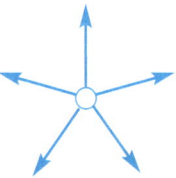

*Почтальо́н разно́сит по́чту 2 ра́за в день.*
The postman brings the post twice a day.

Си́львио разво́зит пи́ццу.
Silvio delivers pizza.

**с**возѝть — **с**везтѝ
(to bring together, by vehicle)
**с**водѝть — **с**вестѝ
(to bring together, on foot)

movement from different places to one place

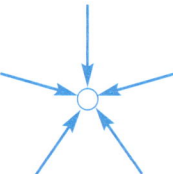

*Мы реши́ли свезти́ всю ста́рую ме́бель на да́чу.*
We decided to take all the old furniture to the dacha.

# Verbs of motion (transitive) with prefixes УПРАЖНЕНИЯ

**3** Insert the transitive verbs of motion with the prefix от-. Give a few variants where possible.

1. Тебе нужно _____ вещи в химчистку.
2. _____ стулья в кухню.
3. Я _____ Машу в школу и вернусь.
4. Надо _____ это кресло на дачу.
5. Я обещала _____ Олю к врачу.
6. _____ туфли в ремонт.
7. У её сына астма, поэтому каждое лето она _____ его в Крым.

**4** Explain the meaning of the following set expressions.

Выносить сор из избы _____

Унести ноги _____

Сводить концы с концами _____

**5** Answer the questions.

1. Что нельзя вывозить из вашей страны?
   _Из Великобритании нельзя вывозить старые картинки / антикверят_
2. Что нельзя ввозить в вашу страну?
   _Нельзя ввозить наркотики в Англию_
3. Какие сувениры можно привезти из России?
   _Можно привезти матрёшку из России_
4. Кто в вашей семье обычно выносит мусор?
   _Обычно в моей семье выносит мусор папа_
5. Вы были на вечеринке. У ваших друзей нет машины. Обычно вы предлагаете им подвезти их? _____
6. Вы видите слепого человека, который хочет перейти улицу. Как вы обычно поступаете в этой ситуации? _____
7. В вашей стране почтальон разносит почту 1 или 2 раза в день?
   _____
8. О чём вы просите официанта в конце ужина?
   _Приносите пожалуйста счёт_
9. Что делает курьер?
   _Он развозит письма / документы_

# 15 VERBS OF MOTION WITH PREFIXES ПО-, ПРО-, С-, ЗА-, ИЗ- EXPRESSING NON-SPATIAL MEANING

> *После обéда он поплáвал в бассéйне и сел писáть пи́сьма.*
> After lunch he swam for a while in the swimming pool and sat down to write letters.
> *Сходи́, пожáлуйста, за газéтами.*
> Please go get the newspapers.

All these verbs are **perfective** and don't have an imperfective counterpart.

❖ **ПО + all verbs of motion of the «идти́» type**
   *пойти́, поéхать, полетéть, побежáть, понести́*, etc.

These verbs may denote one of the following:

- the beginning of motion

  *Опя́ть снег пошёл.*
  It began to snow again.

- a change in the direction of motion

  *Мы дошли́ до углá и пошли́ напрáво.*
  We walked up to the corner and turned right.

- a change in the mode of motion

  *Приближáясь к перекрёстку, мы поéхали мéдленнее.*
  Approaching the crossroads, we slowed down.

- the subject has left and has not come back yet

**Compare:** *Онá пошлá в магази́н.*          *Онá ходи́ла в магази́н.*
            (= *Онá ещё не вернýлась домóй.*)  (= *Онá вернýлась.*)
            She has gone to the shop.          She went to the shop.
            (= She isn't back yet.)             (= She is back.)

- an intention to perform an action in the future

  *Зáвтра мы пойдём в цирк*
  Tomorrow we'll go to the circus.

💧 To express a repetitive action, we use verbs of the «идти́» type without prefixes.

**Compare:** *Пóсле рабóты мы срáзу поéхали домóй.* (single action — **perf.**)
            After work we went home right away.
            *Пóсле рабóты мы срáзу éхали домóй.* (repetitive action — **imperf.**)
            After work we'd always go home right away.

# Verbs of motion with prefixes по-, про-, с-, за-, из-

**УПРАЖНЕНИЯ**

**1** Insert verbs of motion either with the prefix ПО- or without it.

*Example:* (идти, пойти)
Он дошёл до угла и _____ налево.
Он дошёл до угла и пошёл налево.

1. (идти, пойти)
Мы долго _____ по набережной и наконец увидели мост.

2. (лететь, полететь)
Когда конференция закончилась, он _____ в Париж.

3. (везти, повезти)
Представитель фирмы встретил партнёров в аэропорту и _____ их в гостиницу.

4. (плыть, поплыть)
Мы познакомились с Игорем, когда _____ на теплоходе по Волге.

5. (ехать, поехать)
Сегодня мы _____ на работу полтора часа, потому что попали в пробку.

6. (идти, пойти)
— Можно Андрея?
— Его нет, он _____ в аптеку.

**2** Insert the following verbs of motion into the dialogues: *ходить, пойти, ездить, поехать, водить, повести, бегать, побежать.*

1. — Алло, Пётр дома?
— Нет, он __пошёл__ в магазин.

2. — Где ты была? Я звонил тебе, тебя не было дома.
— Я __ходил__ на почту.

3. — Какие у тебя планы на завтра?
— Наверное, __пойду__ на выставку.

4. — Вы __пойдёте__ завтра в банк?
— Нет, я __ездил__ туда вчера.

5. — Ты _____ в среду на рынок?
— Нет, я _____ на рынок по субботам.

6. — Вы были на прошлой неделе в Москве?
— Нет, мы __е·__ в Петербург.

7. — Вы с нами __пойдёте__ в выходные во Владимир?
— Наверное, нет. Мы уже __ездили__ туда три раза.

8. — Вы не хотите в субботу __повести__ детей в кукольный театр?
— А мы недавно уже ~~повели~~ __водили__ их туда.

9. — Андрей у себя?
— Вот-вот будет. Он __зашёл / пошёл / побежал__ в киоск за сигаретами.

10. — Где ты была?
— Я ~~заходила~~ __бегала__ в супермаркет за тортом.

65

❖ **ПО + all verbs of motion of the «ходи́ть» type**
    denote a short, time-limited action:

    **по**е́здить, **по**вози́ть, **по**пла́вать, **по**бе́гать, **по**лета́ть, etc.

*Во вре́мя о́тпуска я бы хоте́л пое́здить по Евро́пе.*
During the holidays I'd like to travel around Europe.

*Мину́т со́рок па́па поводи́л дете́й по за́лам Эрмита́жа, а пото́м предложи́л им пойти́ в «Макдо́нальдс».*
Daddy spent about 40 minutes walking his kids through the halls of the Hermitage, and then offered to go with them to McDonald's.

❖ **С + all verbs of motion of the «ходи́ть» type**
    denote a single quick completed action to and from somewhere, there and back:

    **с**ходи́ть, **с**ъе́здить, **с**бе́гать, **с**води́ть, **с**лета́ть, etc.

*Я схожу́ в апте́ку и ско́ро верну́сь.*
I'll just go to the pharmacy and be right back.

Prefixes **ПРО-, ЗА-, ИЗ-** are used only with certain verbs.

❖ **ПРО + ходи́ть, е́здить, бе́гать, пла́вать**
    denote an action lasting for a certain period of time (usually a fairly long one):

    **про**ходи́ть, **про**е́здить, **про**бе́гать, **про**пла́вать, etc.

*Вчера́ мы полдня́ проходи́ли по магази́нам.*
Yesterday we spent half a day shopping.

💣 **Compare:**   *пробе́гать* (perf.) has a **temporal** connotation

*Весь день она́ пробе́гала по дела́м.*
She spent all day running errands.

*пробега́ть* (imperf.) has a **spatial** connotation

*Когда́ я пробега́л ми́мо теа́тра, я уви́дел афи́шу но́вого спекта́кля.*
When I was running by the theatre, I saw a poster for the new play.

**Verbs of motion with prefixes по-, про-, с-, за-, из-** — **УПРАЖНЕНИЯ**

**3** Read the sentences and decide where the verbs with the prefix **по-** (a) denote the beginning of action, (b) its temporal limits.

1. Мы походили ( ) по Кремлю и пошли ( ) в ресторан.
2. В конце августа птицы полетели ( ) на юг.
3. Пусть дети побегают ( ) во дворе, пока мы убираем квартиру.
4. Летом я люблю позагорать и поплавать ( ).
5. Зимой в выходные можно поводить ( ) детей по музеям, а летом повезти ( ) их на пляж.
6. Друг предложил поплыть ( ) на остров.
7. Мы походили ( ) по лесу, грибов не нашли и побежали ( ) на речку купаться.
8. Куда ты понёс ( ) эти книги?
9. Можно немножко поводить ( ) твою машину? Я никогда не водил джип.

**4** You're requesting somebody to do something for you. Use verbs of motion with the prefix **с-**.

*Example: Вы больны. Вам нужны лекарства.*
*Сходи, пожалуйста, в аптеку (за лекарством).*

1. У вас дома нет хлеба, а вы очень заняты.
   _____
2. Вам нужно оплатить счёт за телефон, но у вас нет времени.
   _____
3. Вы хотите, чтобы ваш сын навестил бабушку.
   _____
4. У вас нет времени поехать в турагенство и забрать авиабилеты. Попросите об этом друга (мужа, жену…) _____
   _____
5. Через 10 минут к вам придут гости, а вы забыли купить мороженое. Попросите кого-нибудь из близких пойти в магазин и принести мороженое. _____
   _____

**5** Complete the sentences with the verbs of motion *сходить, проходить, сбегать, пробегать, съездить, проездить.*

1. Я сейчас ____схожу____ в химчистку и быстро вернусь.
2. Я целую неделю ____пробегал____ по туристическим бюро, чтобы купить хороший и недорогой тур в Испанию.
3. — Я просил вас быстро ____сбегал____ в банк за документами, а вы ____проездили____ полдня.
   — Простите, но в городе такие пробки, что быстрее было бы _____ пешком, чем _____ на машине!
4. — Он два месяца _____ по врачам, но точный диагноз ему не смогли поставить.
   — Посоветуй ему ____ в клинику «Медицина XXI века», там прекрасные специалисты.
5. У тебя опять болит зуб? Давно надо было _____ к стоматологу.
6. Дай мне ключи от машины, я сейчас быстренько _____ на рынок.

❖ **ЗА + verbs ходи́ть, бе́гать***
  denote the beginning of action:

  *за*ходи́ть, *за*бе́гать

Услы́шав э́ту но́вость, он вскочи́л и не́рвно заходи́л по кабине́ту.
Upon hearing this news, he jumped to his feet and began to pace his office nervously.

**Compare:** забе́гать (perf.) (to begin to bustle around, to pace nervously)

  Тигр рассерди́лся и забе́гал по кле́тке.
  The tiger got angry and began to circle the cage.

  забега́ть (imperf.) (to stop by)

Вчера́ ве́чером Лари́са забега́ла ко мне на часо́к.
Last night Larissa stopped by my place for about an hour.

❖ **ИЗ (ИС) + ходи́ть, е́здить***
  expresses the meaning of expansion, spreading the action throughout the whole surface:

*ис*ходи́ть весь лес
to walk around the whole forest

*из*ъе́здить пол-Сиби́ри
to travel through half of Siberia

The words **весь, це́лый** (whole, entire) are often used in the sentences with these verbs.

  Мы изъе́здили весь Кавка́з.
  We traveled through the whole Caucuses.

---

* These verbs aren't used very frequently.

**Verbs of motion with prefixes по-, про-, с-, за-, из-** УПРАЖНЕНИЯ

**6** Complete the sentences, using the verbs *походить, изъездить, поехать, поводить, сбегать, повести, забегать, понести, пойти, проходить.*

*Example:* В воскресенье я хочу _____ детей в цирк.
В воскресенье я хочу повести детей в цирк.

1. Летом я хотел бы __поехать__ с женой на курорт.
2. Ты можешь быстро __сбегать__ в магазин за маслом?
3. Портье взял чемоданы и __~~понёс~~ понёс__ их к такси.
4. Я не понял этот спектакль. Почему в финале герои как сумасшедшие __забегали__ по сцене?
5. Ты бы не мог __~~повести~~ поводить__ нас по городу? Мы впервые в Москве.
6. Когда долго работаешь за компьютером, хочется встать, __~~походить~~ походить__ по комнате.
7. В субботу не хочется сидеть дома, хочется __пойти__ в гости.
8. Когда он работал в газете, он __~~забегал~~ изъездил__ все города центральной России.
9. Мы __проходили__ по ГУМу 2 часа, а подарок так и не купили.

**7** Insert the appropriate verbs of motion with the prefixes.

1. — Ты обещал _____ меня на ипподром посмотреть скачки.
   — Ты правда хочешь _____ туда?
   Если хочешь, _____ в субботу.
2. Он так любит путешествовать, что, мне кажется, _____ уже полмира.
3. Я очень люблю море, могу _____ часа три.
4. Хочу _____ с сыном в Петербург, _____ его по музеям, _____ с ним по городу, который я так люблю.
5. — А где Иван?
   — Он _____ в министерство, _____ туда бумаги.
6. Мы полдня _____ по магазинам, искали люстру.
7. Ты скоро _____ в командировку?
8. Подожди меня, пожалуйста. Я _____ в бухгалтерию и вернусь минут через десять.
9. Мы немного _____ по центру, а потом _____ в кино.

# 16 FIGURATIVE USE OF THE VERBS OF MOTION

> Время идёт.
> Time passes.
> Я не ношу брюки.
> I don't wear trousers.
> Приговор привели в исполнение через год.
> The sentence was carried out in a year.

Verbs of motion are often used figuratively. They frequently make part of set phrases (expressions).

## Идти

**Идёт** дождь.
It's raining.

**Часы идут** точно.
The clock runs accurately.

Вам не **идёт** чёрный цвет.
Black colour doesn't suit you.

**Идёт** снег.
It's snowing.

Эта дорога **идёт** вдоль берега.
This road runs along the shoreline.

Речь **идёт** о конкурсе Чайковского.
This has to do with the Tchaikovsky Competition.

Этот фильм **идёт** в кинотеатре «Ролан».
This film is playing at the cinema "Rolan".

Опера «Любовь к трём апельсинам» **идёт** в Большом театре.
The opera "The Love For Three Oranges" is running at the Bolshoi Theatre.

## Ходить

**Ходят** слухи о том, что правительство в мае уйдёт в отставку.
Rumours are circulating that in May the government will resign.

Эти часы давно не **ходят**.
This clock hasn't worked in a long time.

## Бежать

Время **бежит**.
Time flies.

## Лететь

Время **летит**.
Time flies.

— Куда ты **летишь**?
— Where are you rushing?
— Опаздываю на встречу.
— I am running late for a meeting.

## Носить

Этот город **носит** имя конструктора космических кораблей С. Королёва.
This city is named after the rocket constructor S. Koroliov.

Анна не **носит** мини-юбки.
Anna doesn't wear miniskirts.

### Нести

*Такая политика* **несёт** *в себе опасность.*
Such a policy is potentially dangerous.

### Везти

*Ему часто* **везёт** *на экзаменах.*
He often has good luck of passing exams well.

### Водить(ся)

**водить** машину (to drive a car)

*Осётры* **водятся** *в Каспийском море.*
Sturgeons live in the Caspian Sea.

**водить** за нос
(to deceive; lit.: to lead someone by the nose)

### Вести(сь)

*Ваш сын не умеет себя* **вести**.
You son doesn't know how to behave himself.

*Куда* **ведёт** *эта дорога?*
Where does this road lead to?

*Такая политика* **ведёт** *к обострению ситуации на Ближнем Востоке.*
Such a policy may lead to an exacerbation of the situation in the Middle East.

**Вести** войну (to wage a war)
**Вести** переписку (to conduct a correspondence)
**Вести** следствие (to investigate)
**Вести** собрание, передачу, концерт
(to preside over a meeting, to host a show, to present a concert)

*В этом музее уже 5 лет* **ведутся** *реставрационные работы.*
This museum has been under restoration for the last 5 years.

## Figurative use of the verbs of motion with the prefixes

### Входить — войти

*Азот* **входит** *в состав воздуха.*
Nitrogen is a component of air.
*Александр II* **вошёл** *в историю как царь-реформатор.*
Alexander II entered history as the tsar-reformer.

### Выходить — выйти

*Этот фильм* **выходит** *на экран в августе.*
This film will be released in August.
*Он* **вышел** *из партии в 1991 году.*
He quit the party in 1991.
*Газета «Московские новости»* **выходит** *раз в неделю.*
The newspaper "Moskovskie Novosti" comes out once a week.
*Завтра я* **выхожу** *на работу.*
I'm starting work tomorrow.
*Окна моей квартиры* **выходят** *на юг.*
My apartment's windows face south.
*Ему всегда удавалось* **выйти** *сухим из воды.*
He always managed to come out unscathed (lit.: to come out dry of the water).

### Figurative use of the verbs of motion — УПРАЖНЕНИЯ

**1** Underline the verbs of motion, give their infinitives.

1. Он вёл переписку со своими коллегами из США. _____
2. Тигры не водятся в Африке. _____
3. Машина летела на огромной скорости. _____
4. Ходят слухи, что скоро министр культуры уйдёт в отставку. _____
5. На Рождество шёл снег. _____
6. В монастыре пять лет велась реставрация. _____
7. Я выйду на работу в конце августа. _____
8. Эта дорога ведёт к морю. _____
9. Новичкам обычно везёт в казино. _____

**2** Answer the questions.

1. Какой цвет вам не идёт?
   _____
2. Вы носите шляпы? _____
3. Какие русские оперы идут в Великобритании? _____
4. О какой войне идёт речь в романе «Война и мир»?
   _____
5. Какой русский фильм идёт сейчас в Великобритании (США)? Какой английский фильм идёт сейчас в России? _____
   _____
6. Часто ли идут дожди в Лондоне? _____
7. Вам везёт в лотереях? _____
   _____
8. Имя какого русского учёного носит Московский университет?
   _____
9. В каких ситуациях мы говорим «время летит?»
   _____
10. Что делают люди следующих профессий:

    следователь _____

    телевизионный ведущий _____

    водитель _____

    экскурсовод _____

# Figurative use of the verbs of motion

**УПРАЖНЕНИЯ**

## 3 Answer the questions, explain your response.

1. Мы говорим: «Время идёт». А можно ли сказать: «Время ходит»?

2. Мы говорим: «Идут дожди». А можно ли сказать: «Дожди ходят»?

3. Мы говорим: «Эти часы давно не ходят». А можно ли сказать: «Мои часы не идут»? Объясните разницу.

## 4 Answer the questions.

1. Куда выходят окна вашей квартиры?

2. Какие элементы входят в состав воздуха?

3. С кем Россия вела войну в 1812 году?

4. Сколько раз в неделю выходит газета «Таймс»?

5. О каком человеке вы могли бы сказать: «Он не умеет себя вести»?

## 5. Read the abstract from the B. Katanian's memoirs about Russian writer Nina Berberova (1901—1993). In the text, find the verbs of motion used figuratively and explain their meaning.

Всё началось в Париже летом 1986 года. Мой знакомый сказал: «Я завтра иду к Нине Берберовой, она остановилась в «Наполеоне». Хочешь пойти со мной?» Я не поверил. И всё же!

Но на другой день мы пошли к художнику Бахчиняну, где собирались друзья Нины Николаевны. Вскоре мы перешли в другую комнату, где проговорили часа четыре. О чём мы говорили? О литературе, о цензуре, о Ленинграде и ещё о чём-то. Умная и внимательная, она сразу переводила разговор, если тема переставала её интересовать.

Прошёл год. Моя жена Инна приехала в Америку, и Нина Николаевна пригласила её в Принстон, где была профессором университета. Как-то днём, когда Берберова ушла на лекцию, она оставила моей жене свою книгу о масонах, которая недавно вышла, — «Люди и ложи». Когда Инна приехала в Москву, она рассказывала всем об этих масонах. Тогда и подумать было нельзя, что эта книга вскоре выйдет у нас.

Потом Берберова писала нам письма. «Дела идут неплохо. Читаю советскую прессу — очень интересно. Вообще жить интересно». (1987)

Вскоре пришло ещё одно письмо. «Дорогая Инна! Я была потрясена описанием концерта, который прошёл в пользу церкви у Никитских ворот. Как я благодарна за то, что вы написали мне об этом. Пройдёт время, но этот концерт останется в памяти людей как событие. Я чувствую себя хорошо, работаю много, мне надо привести в порядок все мои дела». Вскоре Нины Берберовой не стало. Она ушла из жизни в 92 года.

### Подходи́ть — подойти́

Дава́йте встре́тимся в 2 часа́. Вам э́то **подхо́дит**?
Let's meet at 2 o'clock. Does it suit you?
Вы должны́ **подойти́** к реше́нию э́той пробле́мы о́чень серьёзно.
You must consider this problem's solution very seriously.
Э́та кра́ска не **подхо́дит** для ремо́нта фаса́дов.
This paint doesn't work on facades.

### Приходи́ть — прийти́

Учёные **пришли́** к вы́воду, что мужчи́ны умира́ют от инфе́кций в 2 ра́за ча́ще, чем же́нщины.
Scientists have come to the conclusion that men die from infections twice as often as women do.
Она́ **пришла́** в себя́ че́рез 10 мину́т. She came round in 10 minutes.
Коми́ссия **пришла́** к заключе́нию, что до́лжен быть объя́влен но́вый ко́нкурс.
The committee came to a conclusion that the job should be advertised again.

### Проходи́ть — пройти́

В Москве́ **прохо́дит** междунаро́дный те́ннисный турни́р «Ку́бок Кремля́».
The international tennis tournament "Kremlin Cup" is taking place in Moscow.
**Прошло́** 2 го́да.
2 years have passed.

### Уходи́ть — уйти́

У меня́ о́чень мно́го вре́мени **ухо́дит** на доро́гу до рабо́ты.
Commuting to work takes a lot of my time.

### Проводи́ть(ся) — провести́

Учёные МГУ **провели́** иссле́дования экологи́ческой ситуа́ции в Москве́.
Scientists from Moscow State University have conducted an ecological survey in Moscow.
Он **провёл** в тюрьме́ 20 лет.
He spent 20 years in prison.
В Росси́и **прово́дится** рефо́рма систе́мы образова́ния.
Russia is implementing reforms in its system of education.
Как вы **прово́дите** своё свобо́дное вре́мя?
How do you spend your free time?

### Приноси́ть — принести́

Его́ пе́рвая роль в кино́ **принесла́** ему́ изве́стность.
His first role in cinema made him popular.
Мой талисма́н **прино́сит** мне уда́чу. My amulet brings me good luck.
Её пе́рвый рома́н **принёс** ей огро́мный успе́х. Her first novel was a huge success.
**Приноси́ть** при́быль (to be profitable)
**Принести́** извине́ния (to apologize)

### Уноси́ть — унести́

Война́ в Ира́ке **унесла́** жи́зни ты́сяч ми́рных гра́ждан.
The war in Iraq claimed the lives of thousand civilians.
Э́ту та́йну он **унёс** с собо́й. He took this secret with him.

# Figurative use of the verbs of motion

**УПРАЖНЕНИЯ**

## 6 Substitute the words and expressions in bold with their synonyms, using the vocabulary provided below.

1. Эффективность иммунной системы по мере старения **идёт на убыль.**

2. На реставрацию **ушло** 2 миллиона долларов.

3. В июне 2003 года в Москве **прошёл** Международный театральный фестиваль имени Чехова.

4. Недавно немки получили право **проходить службу** в армии наравне с мужчинами.

5. Видеокамеры в музее **вышли из строя** несколько дней назад.

6. На пресс-конференции **речь шла** о курсе доллара.

7. Интересная работа **приносит радость.**

*Vocabulary:* радовать, потратить, состояться, служить, уменьшаться, сломаться, говорить.

## 7 Find in your native language the equivalents for the following idioms and proverbs.

1. Войти в историю — *to enter history*
2. Ходить вокруг да около — *to get to the point*
3. Выносить сор из избы — *to talk about your families problems*
4. Выйти из себя — *to go mad*
5. Идти против течения — *to go against the current*
6. Плавать как топо́р — *(to swim like an axe)*
7. Пройти огонь и воду — *he's been through hell*
8. Аппетит приходит во время еды. — *you'll like it when you start it*
9. Пришла беда, отворяй ворота. — *a trouble shared is a trouble halfed* (открывай)
10. Слово не воробей, вылетит — не поймаешь. — *a word isn't a sparrow, once it's flew off you won't catch it*
11. Душа ушла в пятки. — *I'm scared to death*
12. Водить за нос — *heel — to deceive*

### Переноси́ть(ся) — перенести́(сь)

*Встре́ча* **перено́сится** *на пя́тницу.*
The meeting has been moved to Friday.
*Оле́г* **перенёс** *о́чень сло́жную опера́цию.*
Oleg underwent a very difficult surgery.

### Приводи́ть — привести́

*Мне на́до* **привести́** *в поря́док все мои́ дела́.*
I have to put all my papers in order.
*Э́то* **приведёт** *к экономи́ческому кри́зису.*
This will lead to an economic crisis.
**Приведи́те** *приме́р.*
Give an example.

### Вводи́ть — ввести́

*Неда́вно бы́ли* **введены́** *но́вые пра́вила откры́тия счето́в в ба́нках.*
The new rules for the opening of bank accounts have been introduced recently.
*Выраже́ние «ли́шний челове́к»* **ввёл** *И. С. Турге́нев.*
The expression "superfluous man" was introduced by I.S. Turgenev.
*Я хочу́* **ввести́** *вас в курс де́ла.* I want to explain the situation to you.

### Доводи́ть — довести́

*Он* **довёл** *её до слёз.*         **Доведи́те** *со́ус до кипе́ния.*
He made her cry.                     Bring the sauce to boiling point.

### Доходи́ть — дойти́

*До меня́* **дошли́** *слу́хи о его́ увольне́нии.*
The rumours about his dismissal reached me.
*До нас* **дошёл** *то́лько фрагме́нт ру́кописи э́того рома́на.*
Only a part of this novel's manuscript survived.
*Наконе́ц до меня́* **дошло́**, *что он хоте́л сказа́ть.*
I finally understood what he wanted to say.

### Выноси́ть — вы́нести

*Пригово́р по де́лу бу́дет* **вы́несен** *за́втра.*
The verdict in this case will be announced tomorrow.
*Я не* **выношу́** *сканда́лов.*
I cannot stand rows.
*Не сто́ит* **выноси́ть** *сор из избы́.*
It's better to keep your private affairs to yourself. (lit.: it's not advisable to carry the rubbish out of one's house.)

### Отводи́ть(ся) — отвести́

*Он не мог* **отвести́** *глаз от её лица́.*
He couldn't take his eyes off her face.
*Мэ́рия* **отвела́** *зе́млю под строи́тельство но́вого стадио́на.*
The mayor's office allotted a piece of land for the construction of a new stadium.
*На изуче́ние литерату́ры в шко́ле* **отво́дится** *всё ме́ньше часо́в.*
There are fewer and fewer hours allocated to the study of literature at school.

## Figurative use of the verbs of motion — УПРАЖНЕНИЯ

**8** Underline the verbs of motion, give their infinitives.

1. Учёные подошли к этой проблеме очень ответственно. _____
2. Лётчики проходят тесты на стресс. _____
3. Туркменский газ пойдёт на европейский рынок. _____
4. Когда-то границы Египта доходили в Азии до реки Евфрат. _____
5. Министерство обороны не проводило учения в этом регионе. _____
6. Он ведёт себя странно. _____
7. Расследование ведёт прокуратура. _____
8. Средства от аукциона пойдут в фонд больных раком. _____
9. Он перенёс тяжёлую ангину. _____
10. Перенесёмся на десять лет вперёд. _____

**9** Make up sentences with the following expressions.

1. (внести вклад) *Горбачёв внёс вклад в объединение Германии*
2. (ввести новые правила) *В этом семестре ввёз в школу новые правила*
3. (провести исследования) _____
4. (прийти к выводу) _____
5. (пойти на компромисс) *Мы не смогли уговорить друг друга и пошли на компромисс*
6. (прийти к заключению) *Я пришёл к заключение, что пить водку вредно*

**10** Insert the appropriate verbs of motion.

1. Эта квартира нам не _____, она очень маленькая.
2. Летом в Эдинбурге _____ театральный фестиваль.
3. Эту телепрограмму _____ известная теннисистка.
4. Спектакля сегодня не будет, он _____ на 12 сентября.
5. Я не _____ лицемерных людей.
6. Ей _____ узкие брюки.
7. Следствие _____ Генеральная прокуратура.
8. Я не играю в карты, потому что мне никогда не _____ в игре.
9. Журнал «Итоги» _____ раз в неделю.

# 17 THE PARTICIPLE
## (INTRODUCTION)

> Писа́тель, написа́вший э́тот рома́н, сейча́с живёт в А́нглии.
> The author who wrote this novel lives in England now.
> Выпуска́емая э́той компа́нией косме́тика по́льзуется больши́м успе́хом.
> The cosmetics made by this company are very popular.

❖ The participle qualifies a person or an object in their relation to a certain action. Participles are mostly used in written language or academic context, and are less common in colloquial speech. They are used for compressing the texts.

Participles are formed from verbs:

чита́ть (прочита́ть) — чита́ющий, чита́вший, чита́емый, прочи́танный

### There are 4 groups of participles in the Russian language

|  | active participles | passive participles |
|---|---|---|
| **present** | продаю́щий<br>selling | продава́емый<br>being sold |
| **past** | прода́вший<br>having sold | про́данный<br>sold |

There are two types of participles in the Russian language: **active** and **passive**.

**Active participles** qualify a person or a subject performing an action by themselves.

горя́щий ого́нь = ого́нь, кото́рый гори́т
(burning fire = the fire that burns)

**Passive participles** qualify a person or an object, which are/were the object of an action applied to them.

подпи́санные дире́ктором докуме́нты = докуме́нты, кото́рые подписа́л дире́ктор
(the documents signed by the director = the documents which the director signed)

Both active and passive participles have two forms: **present** tense form and **past** tense form.

💧 Participles don't have future tense forms.

❖ The participle has characteristics of both a **verb** and an **adjective**.

- The participle keeps the aspect of the verb it was formed from.

де́ла**ющ**ий (present)  де́ла**вш**ий (impf.)
де́ла**вш**ий (past)  сде́ла**вш**ий (perf.)

- The participle requires the same case and preposition as the **verb** it was formed from:

чита́ть кни́гу (**Acc.**) — чита́ющий кни́гу (**Acc.**)
to read a book           the one who is reading a book
позвони́ть дру́гу (**Dat.**) — позвони́вший дру́гу (**Dat.**)
to call a friend          the one who called a friend

- If the original verb is reflexive, the participle retains **-СЯ**.

занима́ть**ся** ру́сским языко́м — занима́ющий**ся** ру́сским языко́м
to study Russian              the one who studies Russian

❖ The participle, like the adjective, agrees in gender, number and case with the noun.

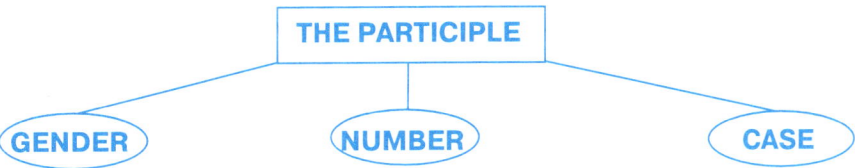

*Пассажи́ров, опозда́вш**их** на рейс, про́сят подойти́ к сто́йке №3.*
The passengers, who missed their flight, are requested to proceed to counter №3.

- Passive participles have a long form and a short form.

*Постро́енный — постро́ен, постро́ена, постро́ено, постро́ены.* (built)
*Закры́тый — закры́т, закры́та, закры́то, закры́ты.* (closed)

The short form of the passive participle is used in passive constructions.

*Я был приглашён на приём в посо́льство Фра́нции.*
I was invited to a reception at the French Embassy.

- In the sentence, the participle functions as an adjective.

*Мой брат, живу́щий в Кана́де, за́втра прие́дет в Москву́.*
My brother, who lives in Canada, is arriving in Moscow tomorrow.

*Сало́н откры́т с 9.00 до 21.00.*
The salon is open from 9 a.m. to 9 p.m.

### The participle (introduction) — УПРАЖНЕНИЯ

**1** Figure out the verbs, from which these participles were formed.

прочитавший — _____     победивший — _____

говорящий — _____      живущий — _____

сказанный — _____      встретившиеся — _____

увидевший — _____      умерший — _____

закрытый — _____       родившийся — _____

переводивший — _____   построивший — _____

**2** Find the synonymous constructions.

1. читающий газету мужчина
2. играющие в футбол мальчики
3. недавно застрахованный автомобиль
4. выполняющая эту работу организация
5. пальто, сшитое в ателье
6. остановившаяся у светофора машина
7. мечта, ставшая реальностью
8. приехавший на гастроли театр

1. мальчики, которые играют в футбол
2. мужчина, который читает газету
3. организация, которая выполняет эту работу
4. машина, которая остановилась у светофора
5. пальто, которое сшили в ателье
6. автомобиль, который недавно застраховали
7. театр, который приехал на гастроли
8. мечта, которая стала реальностью

**3** Figure out the verbs, from which these participles were formed. Identify the aspect of each verb.

делающий — _____

сделавший — _____

потерянный — _____

взявший — _____

бравший — _____

сказавший — _____

полюбивший — _____

любящий — _____

купленный — _____

покупаемый — _____

учащийся — _____

говорящий — _____

# The participle (introduction)   УПРАЖНЕНИЯ

**4** **Give the short form of the following participles.**

*Example:* Написанный текст — текст написан.

1. Отключённый телефон — _____
2. Найденное решение — _____
3. Изданная книга — _____
4. Потерянные очки — _____
5. Разбитое окно — _____
6. Сломанные игрушки — _____

**5** **Among the following words, find the participles and underline them.**

Белый, говорящий, зимний, странный, большой, читающий, построенный, иностранный, потерянный, умный, выучивший, курящий, купивший, коричневый, закрытый, продаваемый, душный, знаменитый, любящий, хороший, деревянный, зелёный, написанный.

**6** **Underline the participles in the following pieces of text and identify their forms.**

А.

**Удивительная находка.**

В Лондоне найден личный архив Артура Конан Дойля, написавшего книги о Шерлоке Холмсе. Это действительно редкая удача: бумаги писателя долгое время считались утерянными. В архиве, содержащем более 3 тысяч листов, есть письма, написанные Черчиллем, О. Уальдом, Б. Шоу и президентом Рузвельтом.

В архиве найдены дневники и, самое главное, рукописи неизданных произведений писателя. Поклонники Шерлока Холмса с нетерпением ждут, когда будут напечатаны новые рассказы о приключениях знаменитого детектива. В мае этого года архив будет выставлен на аукцион «Кристи». По оценкам экспертов, стоимость находки — два миллиона фунтов стерлингов.

Б.

Обучающийся дипломатии должен научиться трём вещам: говорить по-французски, ничего не говорить и говорить неправду.

*(Л. Берне)*

# 18 PRESENT ACTIVE PARTICIPLES AND PAST ACTIVE PARTICIPLES

> *Входя́щие звонки́ со всех моби́льных — беспла́тно.*
> Incoming calls from all mobile phones are free.
> *Я купи́ла рома́н Аксёнова, вы́шедший в изда́тельстве «Те́рра».*
> I bought a novel by Aksionov published by "Terra".

❖ Active participles qualify an object or a person performing an action.

**Present active** participles denote an action simultaneous to the action of the main verb.

*Ба́бушки сиде́ли в па́рке и смотре́ли на игра́ющих дете́й.*
The grandmothers were sitting in the park and looking at the playing children.

**Past active** participles formed from **imperfective** verbs can either denote an action simultaneous to or preceding that of the main verb.

*Ба́бушки сиде́ли в па́рке и смотре́ли на игра́вших дете́й.* (simultaneity).
The grandmothers were sitting in the park and looking at the playing children.
*Вы зна́ете актри́су, игра́вшую гла́вную роль в фи́льме «Зе́ркало»?* (precedence)
Do you know the actress who played the lead role in the film "The Mirror"?

**Past active** participles formed from **perfective** verbs denote an action preceding the action of the main verb.

*Откры́вший пеницилли́н учёный получи́л Но́белевскую пре́мию.*
The scientist who discovered penicillin received the Noble Prize.

## The present active participles

❖ **Formation**

Present active participles are only formed from imperfective verbs:

present tense stem in the 3rd person, pl. + **-УЩ-(-ЮЩ-)/-АЩ-(-ЯЩ-)**
+ adjectival endings

1 conjugation:   чита́ть - чита́-**ют** → чита́-**ющ**-ий (reading)
                 писа́ть - пи́ш-**ут** → пи́ш-**ущ**-ий (writing)
2 conjugation:   люби́ть - люб-**ят** → люб-**ящ**-ий (loving)
                 учи́ться - у́ч-**ат**-ся → уч-**а́щ**-ий-ся (studying)

💣 Быть → бу́дущий
   *Я прие́ду на бу́дущей неде́ле.*
   I'll come next week.

❖ Present active participles can be transformed into the construction
**кото́рый (кото́рая, кото́рое, кото́рые) + verb in present tense**

*Спя́щая краса́вица =   Краса́вица, кото́рая спит.*
The Sleeping Beauty     The beauty who is asleep.

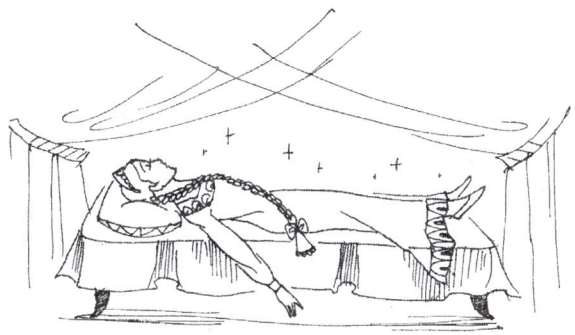

Спя́щая краса́вица

## The past active participles

❖ **Formation**

Past active participles are formed from both perfective and imperfective verbs:
past tense stem in masc. + **-ВШ-** or **-Ш-** + adjectival endings

• If the verb in the past tense, masc., ends in **-Л-**, we use the suffix **-ВШ-**.

чита́ть — чита́-л → чита́-**вш**-ий (the one who read)
написа́ть — написа́-л → написа́-**вш**-ий (the one who wrote)

**Exceptions:**  идти́ — шёл → шéд-**ш**-ий (the one who went)
пройти́ — прошёл → прошéд-**ш**-ий (the one who passed)
уйти́ — ушёл → ушéд-**ш**-ий (the one who left)
перевести́ — перевёл → перевéд-**ш**-ий (the one who translated)
расцвести́ — расцвёл → расцвéт-**ш**-ий (the one that bloomed)

💣 Быть → бы́вший     *Мой бы́вший муж.*     *Мой бы́вший студéнт.*
                      My ex-husband.         My former student.

• If the verb in the past tense, masc, doesn't end in **-Л**, we use the suffix **-Ш-**.

нести́ — нёс → нёс-**ш**-ий (the one who carried)
помо́чь — помо́г → помо́г-**ш**-ий (the one who helped)
расти́ — рос → ро́с-**ш**-ий (the one that grew)
поги́бнуть — поги́б → поги́б-**ш**-ий (the one who perished)

**Exceptions:**   исче́знуть — исче́з → исче́зну-**вш**-ий (the one who disappeared)

❖ Past active participles can be transformed into the construction
**кото́рый (кото́рая, кото́рое, кото́рые) + verb in past tense**

*Вы́ехавшая из гаража́ маши́на = маши́на, кото́рая вы́ехала из гаража́.*
The car which left the garage.

## Present active participles and past active participles — УПРАЖНЕНИЯ

**1  Form the present active participles from the verbs:**

а) работать, думать, знать, делать, писать

б) рисовать, танцевать, беседовать, критиковать, анализировать

в) давать, вставать, узнавать, уставать, отдавать

г) возвращаться, встречаться, обижаться, увлекаться, интересоваться

д) петь, мыть, пить, лить

**2  Form the past active participles from the verbs:**

а) создавать, выполнять, дать, видеть, ожидать

б) встретиться, интересоваться, вернуться, заниматься

в) погибнуть, достигнуть, исчезнуть, нести, спасти, расти

г) есть, сесть, пропасть, украсть

д) идти, пройти, войти, перевести

**Present active participles and past active participles** — УПРАЖНЕНИЯ

**3  Complete the sentences, using the active participles. Give different variants, where possible.**

Example: Я знаю, что _____ эту книгу журналист сидит в тюрьме (написать).
Я знаю, что написавший эту книгу журналист сидит в тюрьме.

1. Мы решили пообедать в недавно **открывшемся** кафе (открыться).
2. **Вылетевший** в 10.30 из Москвы самолёт прилетел в Новосибирск в 14.45. (вылететь).
3. **Построившая** эту гостиницу фирма сейчас строит современный спортивный комплекс (построить).
4. **Претендующий** на золотую медаль спортсмен, к сожалению, получил травму и не смог продолжать борьбу (претендовать). — injury
5. **Прочитавшие** текст студенты начали переводить его (прочитать).
6. Я обратил внимание на **шедшего** впереди меня мужчину (идти).
7. **Прошедшие** паспортный контроль пассажиры могут получить свой багаж (пройти).
8. Он купил **говорящую** попугая (говорить).
9. Я смотрел на ~~едющие~~ **едущие** по улице машины (ехать).
10. Вчера вечером я видел **летающую** тарелку (летать).

**4  Add the correct endings to the participles.**

1. Мама успокаивала заплакавш_____ ребёнка.
2. Я регулярно переписываюсь с уехавш_____ в Лондон другом.
3. В этом центре помогают потерявш_____ надежду людям.
4. Наконец я познакомился с дамой, купивш_____ соседнюю квартиру.
5. В газетах критикуют ушедш_____ в отставку правительство.

**5  Replace the constructions который + verb with active participles.**
Example: Люди, которые отдыхают — отдыхающие люди.

1. Дети, которые спят — _____
2. Снег, который блестит — _____
3. Страна, которая развивается — _____
4. Девушка, которая смеётся — _____
5. Команда, которая победила — _____
6. День, который прошёл — _____
7. Человек, который устал — _____
8. Женщина, которая поёт — _____

# 19 PRESENT PASSIVE PARTICIPLES AND PAST PASSIVE PARTICIPLES

> *Уважа́емые пассажи́ры! Перехо́д на кольцеву́ю ли́нию закры́т.*
> Dear passengers! The transfer to the Circle line is closed.

Passive participles characterize a thing or a person as an object of an action.

**Present passive participles** denote an action **simultaneous** to the action of the main verb, whereas **past passive participles** denote an action **preceding** that of the main verb.

> *Реда́кция не несёт отве́тственности за содержа́ние публику́емых объявле́ний.*
> The editor doesn't bear responsibility for the contents of the published advertisements.

> *Я прочита́ла опублико́ванный в журна́ле «Но́вый мир» рома́н А. Солжени́цына.*
> I've read the novel by A. Soltzhenitsyn published in the magazine "Novyi mir".

## The present passive participles

### Formation

Present passive participles are formed from **imperfective transitive verbs**:

**first person pl. in present tense + adjectival endings**

1 conjugation: чита́ть → чита́-ем → чита́-**ем**-ый (being read)
2 conjugation: люби́ть → люб-им → люб-**им**-ый (beloved)

*Ввози́мые в страну́ това́ры облага́ются по́шлиной.*
The imported merchandise is subject to tax.

Present passive participles of the verbs with the stems **-да-, -зна-** + the suffix **-ва-** are formed from the infinitives.

> из**дава́**ть → издава́емый (being published)
> про**дава́**ть → продава́емый (being sold)
> у**знава́**ть → узнава́емый (recognizable)

💧 **нести́** → *несо́мый* (being carried) **вести́** → *ведо́мый* (being led)

Many verbs cannot form present passive participles:

*жда́ть* (to wait), *писа́ть* (to write), *бра́ть* (to take), *пи́ть* (to drink), etc.

Present passive participles are mostly used in writing, in formal academic and business styles of speech.
The short form of the present passive participles is used very rarely, except for the words *люби́м* (loved), *храни́м* (preserved, kept), *познава́ем* (learnable, cognizable).

> *Он был люби́м свои́ми ученика́ми.*
> He was loved by his students.

# The past passive participles

Past passive participles are formed only from transitive verbs, mostly perfective ones, from the stem of the infinitive.

| Infinitive in | suffix | Example |
|---|---|---|
| **-ать*** <br> **-ять*** | **-нн-** | прочита́ть — прочи́та**нн**ый (read) <br> потеря́ть — поте́ря**нн**ый (lost) |
| **-ить** <br> **-еть** <br> **-чь** <br> **-ти** | **-енн-** <br> **(-ённ-)** | реши́ть — решё**нн**ый (solved) <br> уви́деть — уви́де**нн**ый (seen) <br> увле́чь — увлечё**нн**ый (keen (on)) <br> принести́ — принесё**нн**ый (brought) |
| **-ыть** <br> **-оть** <br> **-уть** <br> **-ереть** <br> **-ять** | **-т-** | закры́ть — закры́**т**ый (closed) <br> расколо́ть — раско́ло**т**ый (cracked) <br> заверну́ть — заверну́**т**ый (wrapped) <br> стере́ть — стёр**т**ый (erased) <br> заня́ть — за́ня**т**ый (occupied) |
| monosyllabic verbs in <br> **-еть** <br> **-ить** <br> and their verbal derivates with prefixes | **-т-** | спеть — спе́**т**ый (sung) <br> (бить) уби́ть — уби́**т**ый (murdered) |

*except for the infinitives where **-а-** or **-я-** make part of the stem:
нача́ть — на́чатый, взять — взя́тый and others.

If the stem of the verb has alternating consonants, its passive participle retains this alternation:

*Бро́**с**ить* (to throw) — *я бро́**ш**у* — *бро́**ш**енный* (thrown)

| | |
|---|---|
| т—ч: | встре́**т**ить — встре́**ч**енный (met) |
| т—щ: | возврати́ть — возвра**щ**ённый (returned) |
| м—мл: | накор**м**и́ть — накор**мл**енный (fed) |
| в—вл: | поста́**в**ить — поста́**вл**енный (placed) |
| п—пл: | ку**п**и́ть — ку́**пл**енный (bought) |
| ст—щ: | пропу**ст**и́ть — пропу́**щ**енный урок (a missed lesson) |
| з—ж: | изобра**з**и́ть — изобра**ж**ённый (depicted) |
| д—жд: | освобо**д**и́ть — освобо**жд**ённый (liberated) |
| д—ж: | поса**д**и́ть — поса́**ж**енный (planted) |

**But:** уви́**д**еть — уви́**д**енный (seen)
напи**с**а́ть — напи́**с**анный (written)

💧 найти́ → на́йденный (found)
перевести́ → переведённый (translated)
увести́ → уведённый (led away)
изобрести́ → изобретённый (invented)

Это дуб, поса́женный 300 лет наза́д.

## Present passive participles and past passive participles — УПРАЖНЕНИЯ

**1** Form the present passive participles from the following verbs:

изучать _____ производить _производимый_
признавать _____ уважать _уважаемый_
исследовать _____ изображать _изоб_
публиковать _публикуемый_ издавать _____
наблюдать _____ описывать _____
использовать _____ импортировать _____
читать _____ обсуждать _обсуждаемый_
любить _____ продавать _____
узнавать _узнаваи_ организовать _____

**2** Complete the sentences using long forms of the present passive participles.

*Example:* Мне нравятся статьи, (публиковать) _____ в журнале «Профиль».
Мне нравятся статьи, публикуемые в журнале «Профиль».

1. Среди фильмов, (демонстрировать) ~~демонстрированные~~ (демонстрируемые) на кинофестивале, немало китайских и корейских.
2. В обсуждении принимали участие (уважать) ~~уважанные~~ уважаемые всеми учёные.
3. Что вам непонятно в (изучать) ~~изучанным~~ изучаемом материале?
4. Не всегда можно доверять новостям, (сообщать) ~~сообщанный~~ сообщаемый в Интернете.

**3** Form the past passive participles from the following verbs:

сделать _сделанный_ создать _созданный_
написать _написанный_ продать _проданный_
изучить _изученный_ закончить _законченный_
выполнить _выполненный_ решить _решённый_
подготовить _подготовленный_ пригласить _приглашенный_
освободить ~~освобеденный~~ освобождённый купить ~~купенный~~ купленный
произвести _произвенный_ найти ~~нашенный~~ найденный
привезти _привезнный_ забыть ~~забенный~~ забытый
завернуть _завёрнутый_ сшить ~~сшенный~~ сшитый
увидеть _увиденный_ перевести ~~переверенный~~ переведённый

# Present passive participles and past passive participles — УПРАЖНЕНИЯ

**4** Complete the sentences using long forms of the past passive participles.

*Example:* В Русском музее открылась выставка, (посвятить) _____ трёхсотлетию Петербурга.
В Русском музее открылась выставка, посвящённая трёхсотлетию Петербурга.

1. Я прочитал рецензию на спектакль, (поставить) _____ В Малом театре.
2. Домашний пирог вкуснее (купить) _____ в магазине.
3. Макс подарил друзьям (привезти) _____ из Москвы сувениры.
4. (Допустить) _допущенные_ ошибки следует исправить.
5. На окне лежала (забыть) _забытая_ кем-то книга.
6. Вчера я получил открытку, (послать) _посланную_ моей подругой из Сочи.
7. На (приобрести) _____ в нашем магазине телевизоры даётся гарантия 2 года.
8. От (получить) _____ во время авиакатастрофы травм он умер.

**5** Insert the word combinations in brackets into the sentences using the participles in the appropriate form.

*Example:* **(недавно открытый)**
Мы пошли в _____ кафе.
Мы подошли к _____ кафе.
Мы были в _____ кафе.
Мы пошли в недавно открытое кафе.
Мы подошли к недавно открытому кафе.
Мы были в недавно открытом кафе.

1. **(подаренный тобой)**
В театр я надела _подаренное тобой_ платье.
Этот шарф можно носить с _подаренным тобой_ платьем.
Он очень подходит к _подаренному тобой_ платью.

2. **(построенный за городом)**
Мы ездили в спортивный центр, _построенный за городом_.
Мы сегодня провели полдня в новом спортивном центре, _построенном за городом_.
Наши друзья заинтересовались новым спортивным центром, _построенным за городом_.

3. **(подписанный директором)**
Возьмите документы, _____.
Познакомьтесь с документами, _____.
На столе нет документов, _____.

4. **(предло́женный вами)**
Давайте поговорим о _____ проекте.
Нужно определить стоимость _____ проекта.
У _____ проекта есть ряд достоинств.

## Short passive participles

*Магази́н откры́т с 9.00 до 21.00.*
The store is open from 9:00 till 21:00.

The short form of the passive participles is formed in the same way as the short form of adjectives.

постро́енный (built) — постро́ен (m)   разби́тый (broken) — разби́т (m)

| masc. | fem. | neuter | pl. |
|---|---|---|---|
| (дом) постро́ен | (да́ча) постро́ена | (зда́ние) постро́ено | (дома́) постро́ены |
| (вопро́с) решён | (зада́ча) решена́ | (де́ло) решено́ | (проблéмы) решены́ |

❖ Present passive participles can be replaced by the construction

### кото́рый (Acc.) + verb in present tense

*фестива́ль, ежего́дно проводи́мый в музе́е и́мени Пу́шкина*
the festival organized annually in the Pushkin Museum

= *фестива́ль, кото́рый ежего́дно прово́дят в музе́е и́мени Пу́шкина*
the festival which is organized annually in the Pushkin Museum

❖ Past passive participles can be replaced by the construction

### кото́рый (Acc.) + verb in past tense

*да́ча, постро́енная мои́м дя́дей*
the dacha built by my uncle

= *да́ча, кото́рую постро́ил мой дя́дя*
the dacha which my uncle built

or

### кото́рый (Nom.) + short form of the participle

*да́ча, постро́енная мои́м дя́дей*
the dacha built by my uncle

= *да́ча, кото́рая была́ постро́ена мои́м дя́дей*
the dacha which was built by my uncle

## Present passive participles and past passive participles — УПРАЖНЕНИЯ

**6.** Form short participles from the following long forms of the participles.
*Example: Решённый вопрос — вопрос решён.*

1. Написанный роман — _____
2. Прочитанное письмо — _____
3. Открытые окна — _____
4. Выполненное задание — _____
5. Подписанный контракт — _____
6. Опубликованная статья — _____

**7.** Transform the phrases with the word *который* into the phrases with a long and a short form of the participle.
*Example: Дача, которую недавно купили — Недавно купленная дача — Дача недавно куплена.*

1. Дом, который построили год назад. — *Дом, построенный год назад, построен*
2. Фильм, который сняли в Голливуде. — *Фильм, снятый в Голливуде, снят*
3. Письмо, которое послали в офис. — *Письмо, посланное в офис, послано*
4. Стол, который переставили к окну. — *Стол, переставленный к окну, переставлен*
5. Решение, которое приняли на встрече. — *Решение, принятое на встрече, принято*

**8.** Find the passive participles in the text, write them down and determine the infinitives of the verbs they were formed from.

Когда-то давно мексиканский садовник, (наделённый) богами талантом создавать чудесные сады, вырастил маленькое дерево, (названное) им какао. (Приготовленный) из его плодов напиток был способен придавать силы. Люди ценили какао на вес золота. Садовник, (развращённый) (свалившимся) на него богатством, стал считать себя равным (всемогущим) богам. И он был (наказан) — (потерял разум.) Садовник безжалостно уничтожил все растения, кроме одного. Этим деревом было какао.

*Он сошёл с ума*

# 20 PARTICIPIAL CONSTRUCTIONS

> *Мои́ друзья́, прие́хавшие в Москву́ на неде́лю, за́втра уезжа́ют.*
> My friends who came to Moscow for a week, are leaving tomorrow.
> *Мы живём в до́ме, постро́енном в нача́ле про́шлого ве́ка.*
> We live in a house built at the beginning of the last century.

❖ The participle, just like the verb, can be used in a phrase with a number of modifying words:

| | | |
|---|---|---|
| *люби́ть дете́й* | → | *лю́бящий дете́й* |
| to love children | | the one who loves children |
| *жить в Москве́* | → | *живу́щий в Москве́* |
| to live in Moscow | | the one living in Moscow |
| *писа́ть ма́ме* | → | *пи́шущий ма́ме* |
| to write to Mom | | the one who writes to Mom |

The participle with its modifying words form **a participial construction.**

*Археоло́ги изуча́ют цивилиза́ции, исче́знувшие с лица́ земли́.*
Archeologists study the civilizations which disappeared from the face of the earth.

The participial construction can appear both before and after the word it defines.

*Э́то па́мятник кня́зю Ю́рию Долгору́кому, основа́вшему Москву́.*
This is the monument to Prince Yuri Dolgoruki, who founded Moscow.

*Э́то па́мятник основа́вшему Москву́ кня́зю Ю́рию Долгору́кому.*
This is the monument to the founder of Moscow, Prince Yuri Dolgoruki.

💣 The participial construction positioned **after** the word it modifies must be separated by two commas.

*Мой францу́зский колле́га, **прие́хавший в Москву́ полго́да наза́д**, уже́ хорошо́ говори́т по-ру́сски.*
My French colleague, who came to Moscow six months ago, already speaks Russian well.

## Participial constructions — УПРАЖНЕНИЯ

**1 Complete the sentences using participial constructions.**

*Example:* Мы смотрели на плывущую лодку.
— Мы смотрели на плывущую по реке лодку.

1. В редакцию пришло письмо от матери погибшего солдата.

2. Дети смотрели на летящий вертолёт.

3. Пассажиры сели в подошедший автобус.

4. Лидер партии обратился к присутствующим с речью.

5. Полученные доходы мы использовали на развитие производства.

6. Отправьте письмо по указанному адресу.

**2 Transform the sentences according to the model; place each participial construction after the word it modifies.**

*Example:* Надо срочно ответить на полученные сегодня письма.
Надо срочно ответить на письма, полученные сегодня.

1. Преподаватель исправил допущенные нами в тексте ошибки.

2. Расскажите о проделанной вами за год работе.

3. Полученный в банке кредит вы должны вернуть в течение пяти лет.

4. Он весь день напевал услышанную в кафе мелодию.

5. Вы можете обменять купленные в нашем магазине товары в течение двух недель.

6. Приглашаем посетить открывшийся после реставрации Исторический музей.

7. Недавно в Петербурге открылись сразу две посвящённые моде выставки.

❖ Participial constructions can always be substituted by subordinate clauses with the word **который**.

### If the participle is **active**,

- **participle → который (Nom.) + verb** of the same aspect and tense as those of the participle

| | |
|---|---|
| *Сотрудники, готовящие этот проект, работают очень интенсивно.*<br>The employees, preparing this project, are working very hard. | *Сотрудники, которые готовят этот проект, работают очень интенсивно.*<br>The employees who are preparing this project, are working very hard. |
| *Сотрудники, готовившие этот проект, работали очень интенсивно.*<br>The employees who prepared this project, worked very hard. | *Сотрудники, которые готовили этот проект, работали очень интенсивно.*<br>The employees who prepared this project, worked very hard. |
| *Сотрудникам, подготовившим этот проект, дали премию.*<br>The employees who prepared this project, were given a bonus. | *Сотрудникам, которые подготовили этот проект, дали премию.*<br>The employees who prepared this project, were given a bonus. |

### If the participle is **passive**,

- **participle → который (Acc.) + verb** of the same aspect and tense as those of the participle

| | |
|---|---|
| *Актриса, приглашённая на главную роль, уже играла в фильмах этого режиссёра.*<br>The actress invited for the leading role, has appeared in the films of this director before. | *Актриса, которую пригласили на главную роль, уже играла в фильмах этого режиссёра.*<br>The actress who was invited for the leading role, has appeared in the films of this director before. |

- **participle → который (Nom.) + short participle**

| | |
|---|---|
| *Актриса, приглашённая на главную роль, уже играла в фильмах этого режиссёра.*<br>The actress invited for the leading role, has appeared in the films of this director before. | *Актриса, которая была приглашена на главную роль, уже играла в фильмах этого режиссёра.*<br>The actress who was invited for the leading role, has appeared in the films of this director before. |

**Participial constructions**   УПРАЖНЕНИЯ

**3  Answer the questions using sentences with participial constructions.**

*Example: У кого вы спросили, где находится Измайловский парк? (коллега хорошо знает Москву)*
— *У коллеги, хорошо знающего Москву.*

1. Кому вы отправили письма? (друзья, которые живут во Франции).

2. Кто получил визы? (туристы, которые едут на экскурсию в Берлин).

3. Кого менеджер пригласил на собеседование? (молодые специалисты, которые желают получить работу в фирме).

4. Кто печатал этот документ? (секретарша, которая хорошо знает английский язык).

5. Какие события описывает Константин Симонов в романе «Живые и мёртвые»? (события, которые произошли во время Второй мировой войны).

**4  Replace the subordinate clauses with participial constructions.**

*Example: Президент поздравил с победой спортсменов, которые выиграли чемпионат мира. — Президент поздравил с победой спортсменов, выигравших чемпионат мира.*

1. Все с интересом обсуждали интервью министра обороны, которое опубликовали в журнале «Власть». — 

2. Я забыл фамилию художника, который написал картину «Три богатыря». — 

3. Моя жена предпочитает одежду, которую сшили в ателье, а не купили в магазине. — 

4. Жюри конкурса, которое возглавляет Владимир Васильев, состоит из руководителей крупнейших балетных трупп мира. — 

5. Фотографии, которые были сделаны во время фестиваля, прекрасно передают атмосферу праздника. — 

6. Он провёл детство на Тверской, которая называлась тогда улицей Горького. —

# 21 THE GERUND

> *Уходя́, гаси́те свет.*
> Turn off the lights before leaving.
> *Встре́тившись у метро́, они́ пошли́ гуля́ть в парк.*
> Having met at the metro station, they went for a walk in the park.
> *Тру́дно жить в стране́, не зна́я языка́.*
> It's hard to live in a country not knowing its language.

❖ The gerund is an invariable verb form, which is employed in the sentence to denote an additional action, less important from the point of view of the speaker than the main action. Both actions always refer to the same **grammatical subject.**

*Он сиде́л у окна́ и чита́л кни́гу.*
He was sitting by the window and reading a book.
*Он сиде́л у окна́, чита́я кни́гу.* (чита́я — additional action)
He was sitting by the window reading a book.
*Си́дя у окна́, он чита́л кни́гу.* (си́дя — additional action)
While sitting by the window, he was reading a book.

- There are two types of gerund in the Russian language:
**imperfective** gerund (*чита́я*) and **perfective** gerund (*прочита́в*).

We use **imperfective gerund** if both actions are simultaneous.

*Он отвеча́л, улыба́ясь.*
He answered, smiling.

We use **perfective gerund** if the additional action precedes the main one, or, occasionally, follows it.

*Прие́хав в го́род, они́ устро́ились в гости́нице.*
Having arrived in the city, they put up at a hotel.
*Он вы́шел из ко́мнаты, не закры́в за собо́ю дверь.*
He left the room without closing the door behind him.

- In writing, the gerund is separated by a coma, except for the words that turned into adverbs. They answer the question **как**?

*Он сиде́л мо́лча.*          *Гуля́йте не спеша́.*
He was sitting in silence.   Walk, don't run.

### ❖ Formation of the imperfective gerund

Stem of the imperf. verb in present tense + *-а-* or *-я-*.

| | | | |
|---|---|---|---|
| игра́ть | — игра́-ют | + *-я-* — | игра́я (playing) |
| везти́ | — вез-у́т | + *-я-* — | везя́ (transporting) |
| слы́шать | — слы́ш-ат | + *-а-* — | слы́ша (hearing) |
| учи́ться | — у́ч-ат-ся | + *-а-* — | уча́сь (studying) |

Suffix **-а-** is used after the consonants **ж, ш, ч, щ**.

• The gerund of the verbs in -АВАТЬ with the roots **-да-, -ста-, -зна-** are formed from the stem of the infinitive:

| | | | |
|---|---|---|---|
| дава́-ть | + *-я-* | — | дава́я (giving) |
| передава́-ть | + *-я-* | — | передава́я (broadcasting) |
| продава́-ть | + *-я-* | — | продава́я (selling) |
| узнава́-ть | + *-я-* | — | узнава́я (inquiring, recognizing) |
| признава́-ть | + *-я-* | — | признава́я (admitting) |
| познава́-ть | + *-я-* | — | познава́я (learning, cognizing) |
| устава́-ть | + *-я-* | — | устава́я (getting tired) |
| достава́-ть | + *-я-* | — | достава́я (reaching) |
| встава́-ть | + *-я-* | — | встава́я (getting up) |

• Certain imperfective verbs cannot form gerunds:

— verbs in **-чь:**
*мочь* (to be able to), *бере́чь* (to take care), *печь* (to bake), etc.;

— verbs with the suffix **-ну-:**
*со́хнуть* (to get dry), *мо́кнуть* (to soak), etc.;

— verbs which don't have vowels in their present tense stems:
*ждать* (to wait) — **жд**-ут, *пить* (to drink) — **пь**-ют, *лить* (to pour) — **ль**-ют, etc.;

— verbs *писа́ть* (to write), *ре́зать* (to cut, to slice), *петь* (to sing), *паха́ть* (to plow), etc.

● The gerund of the verb *быть* (to be): *бу́дучи* (being).

# The gerund — УПРАЖНЕНИЯ

## 1 Form the imperfective gerunds from the verbs:

понимать _____     работать _____

держать _____      кричать _____

любить _____       знакомиться _____

существовать _____      жить _____

спешить _____      идти _____

быть _____      лежать _____

верить _____      договариваться _____

давать _____      узнавать _____

вставать _____      продавать _____

## 2 In the following sentences find the gerunds, write down the infinitives of the verbs from which they were formed.

1. Борис никогда ни с кем не дрался, даже в детстве, предпочитая переговоры.
   _____

2. Он, улыбаясь, протянул мне руку. _____

3. Они сидели на диване, не обращая никакого внимания на окружающих.
   _____

4. Она задала вопрос и немного помолчала, ожидая ответа.
   _____

5. О чём мечтает женщина, выходя замуж за богатого человека?
   _____

6. Стремясь каждый день к совершенству, двигаясь только вперёд, не отклоняясь от выбранного вами пути, вы достигнете своей цели.
   _____
   _____

## 3 Make up sentences, demonstrating the simultaneity of the actions.

*Example:* Он слушал меня. Он улыбался.
          Слушая меня, он улыбался.
          (Он улыбался, слушая меня)

1. Она отвечала на экзамене. Она волновалась. _____
   _____

2. Он читал газету. Он пил кофе. _____
   _____

3. Я подходил к дому. Я увидел Наташу. _____
   _____

4. Она готовила обед. Она смотрела сериал по телевизору. _____
   _____

# The gerund

**УПРАЖНЕНИЯ**

## 4. Transform the complex sentences into sentences with gerunds.

*Example:* Когда я гуляю, я хожу медленно.
Гуляя, я хожу медленно.

1. Когда мы отдыхаем, мы слушаем музыку и смотрим телевизор.

2. Когда они знакомились, они обменялись визитными карточками.

3. Когда мужчины здороваются, они пожимают друг другу руки.

4. Когда мы загораем, мы пользуемся солнцезащитным кремом.

5. Когда уходите, выключайте свет в комнате.

6. Когда вы покупаете сок, обращайте внимание на срок годности.

7. Когда Лариса убирала квартиру, она нашла кольцо, которое недавно потеряла.

8. Когда он был министром, он проводил непопулярные реформы.

9. Когда Света давала мне свой телефон, она предупредила, что ей можно звонить до одиннадцати вечера.

10. Когда Анечка ложится спать, она просит бабушку рассказать ей сказку.

11. Когда вы даёте обещания, старайтесь их выполнять.

## 5. What would you advise your child to do if.

1. Он лежит на диване и читает книгу.

2. Он пишет текст и очень торопится.

3. Он ест очень быстро.

4. Вы в театре, он смотрит спектакль и комментирует его.

*Vocabulary:* не спеша, не торопясь, лёжа, молча.

### ❖ Formation of the perfective gerund

Perfective gerunds are formed from the stems of perfective infinitives or the past tense of perfective verbs.

| Stem in **vowel** | | Stem in **consonant**\*\* |
|---|---|---|
| verb without -СЯ | verb with -СЯ | verb with -СЯ |
| **-В\*** | **-ВШИ-СЬ** | **-ШИ-СЬ** |
| написа́-ть (to write) → написа́**в** (having written) | научи́-ться (to learn) → научи́**вшись** (having learned) | увле́чь-ся → (to be carried away) увлёк-ся (past) → увлёк**шись** (having been carried away) |
| подари́-ть (to present) → подари́**в** (having presented) | верну́-ть-ся (to return) → верну́**вшись** (having returned) | |

\*The suffix **-в-** has an archaic form **-вши:**
  сня-ть (to remove) — сня**в** /сня́**вши** (having removed)
\*\*Verbs without **-ся** have forms with the suffix **-ши**. These forms are colloquial and are rarely used.
  вы́рас-ти (to grow) — вы́рос (grew) — вы́ро**сши** (having grown)

- **Exceptional Formation**

Perfective gerunds from the verbs with prefixes derived from the verbs **идти, нести, везти, вести** are formed in the following way: stem of the future tense + **-я**

  вы́йти (to go out) — вы́йду → вы́йд**я** (having gone out)
  принести́ (to bring) — принесу́ → принес**я́** (having brought)
  отвести́ (to take) — отведу́ → отвед**я́** (having taken)
  привезти́ (to bring) — привезу́ → привез**я́** (having brought)

- **Multiple forms:**

  уви́деть — уви́д**я**, уви́де**в**, уви́де**вши** (arch.) (having seen)
  услы́шать — услы́ш**а**, услы́ша**вши** (arch.) (having heard)
  встре́титься — встре́т**ясь**, встрети́**вшись** (having met)
  прости́ться — прост**я́сь**, прости́**вшись** (having said good-bye)

# The gerund УПРАЖНЕНИЯ

## 6 Form the perfective gerunds from the verbs:

написать _____     открыть _____
изучить _____      проснуться _____
встретиться _____  засмеяться _____
подойти _____      показать _____
выйти _____        научиться _____
перевести _____    унести _____
увидеть _____      услышать _____

## 7 Make up sentences, demonstrating an action preceding another action.

*Example:* Он открыл книгу. Он начал читать.
Открыв книгу, он начал читать.

1. Ребёнок увидел мать. Он побежал к ней.

2. Коллеги закончили работу. Они пошли пить кофе.

3. Она умылась, причесалась и приготовила завтрак.

4. Студенты повторили правила и стали делать упражнения.

5. Секретарь написала письмо и отправила его по факсу.

6. Он отвёл детей в детский сад и поехал на работу.

## 8 Transform the complex sentences into sentences with gerunds.

*Example:* Когда Илья услышал звонок, он пошёл открыть дверь.
Услышав звонок, Илья пошёл открыть дверь.

1. Артём споткнулся, и поэтому он чуть не упал.

2. Он не смог поехать на конференцию, потому что заболел.

3. Он перестал ездить на рыбалку, после того как женился.

4. Когда Вера оглянулась, она увидела возле киоска свою подругу.

5. Если вы подключите Интернет, вы сможете быстро находить нужную вам информацию.

6. Когда Игорь вернулся, он позвонил родителям.

# 22 THE GERUNDIAL CONSTRUCTION

> *Переходя́ у́лицу, снача́ла посмотри́те нале́во.*
> While crossing the street, first look left.
> *Запо́лнив анке́ту, вы должны́ посла́ть её по ука́занному а́дресу.*
> Having filled out the form, you have to send it to the indicated address.

❖ The gerund may be used with dependent words to form **a gerundial construction.**

<u>Узна́в э́ту но́вость</u>, Лари́са обра́довалась.
Upon learning this news, Larissa became happy.

Они́ познако́мились, <u>отдыха́я на Байка́ле</u>.
They met while on holiday at the Baikal.

The action denoted by the gerund and the action in the main clause refer **to the same grammatical subject.**

**Отдыха́я** по́сле обе́да, он **гуля́л** по са́ду.    =    Он отдыха́л и гуля́л по са́ду.
Relaxing after lunch, he was strolling in the garden.    =    He was relaxing and strolling in the garden.

**Don't say:** Отдыха́я по́сле обе́да, ему́ ста́ло пло́хо.

**Say:** Отдыха́я по́сле обе́да, он почу́вствовал себя́ пло́хо.
Relaxing after dinner, he felt ill.

The gerund can serve as a part of an impersonal sentence which presupposes that the two actions in the given situation have the same subject.

*Нельзя́ уйти́, не попроща́вшись ни с кем.*
One cannot leave without bidding goodbye.

In writing, the gerund and the gerundial construction are separated by commas, except for in set phrases such as:

*сиде́ть сложа́ ру́ки*
to sit twiddling one's thumbs; lit.: with one's arms folded

*рабо́тать спустя́ рукава́*
to let things slide; lit.: to work with one's sleeves down

# The gerundal construction — УПРАЖНЕНИЯ

**1. Make up sentences which will convey an additional action with the help of the imperfective gerund.**

*Example:* Он возражал мне. Он приводил аргументы.
Возражая мне, он приводил аргументы.

1. Она отвечала на экзамене. Она волновалась. _____
2. Они регулярно встречаются. Они обсуждают политические новости. _____
3. Он читал текст. Он пользовался словарём. _____
4. Он лежал на диване. Он говорил по телефону. _____
5. Она училась в университете. Она продолжала профессионально заниматься спортом. _____
6. Я посмотрела фильм «Идиот». Я решила перечитать роман. _____
7. Ирина сдаст экзамены. Она поедет на Чёрное море отдыхать. _____
8. Мы подъезжали к городу. Мы увидели аварию. _____

**2. Point out the incorrect sentences and correct them.**

1. Беседуя с клиентом, менеджер предлагает ему образцы товаров. _____
2. Разговаривая с клиентом, зазвонил мобильный телефон. _____
3. Гуляя в парке, пошёл дождь. _____
4. Выздоровев, он снова начал тренироваться. _____
5. Выйдя из комнаты, дверь осталась открытой. _____
6. Узнав об этом, мне стало плохо. _____
7. Сказав «а», говори «б». _____

Depending on the context and the form of the gerund, the gerundial construction can express:

**the nuances** of **time** (simultaneity, precedence or sequence of actions),
**condition, reason,** etc. in relation to the main action.

| | | |
|---|---|---|
| _Приéхав в Амéрику_, он решúл занятьcя бúзнесом.<br><br>Upon his arrival in America, he decided to become a businessman. | = | _Пóсле тогó как он приéхал в Амéрику_, он решúл заняться бúзнесом.<br><br>After he came to America, he decided to become a businessman |
| _Заболéв_, он не пошёл на рабóту.<br><br>Having fallen ill, he didn't go to work. | = | Он не пошёл на рабóту, _потомý что заболéл_.<br><br>He didn't go to work because he fell ill. |
| _Опáздывая на рабóту_, я берý таксú.<br><br>Running late for work, I take a taxi. | = | _Éсли (когдá) я опáздываю на рабóту_, я берý таксú.<br><br>If (when) I am (running) late for work, I take a taxi. |

**The gerundal construction** — **УПРАЖНЕНИЯ**

**3** **Transform the subordinate clauses into gerundial constructions.**

*Example: Когда Андрей прочитал книгу, он отнёс её в библиотеку.*
*Прочитав книгу, Андрей отнёс её в библиотеку.*

1. После того как Алёша уехал из Москвы, он больше никогда не звонил мне.
   _____

2. Когда Виктор приехал из Парижа, он привёз подарки жене и детям.
   _____

3. Он часто ездил в командировки, потому что был директором завода.
   _____

4. Когда я иду в гости, я покупаю торт или бутылку вина.
   _____

5. Хотя я быстро забываю имена, я хорошо помню лица.
   _____

6. Когда мы пришли домой, мы быстро приготовили ужин.
   _____

7. Он опоздал на самолёт, так как попал в пробку.
   _____

**4** **Complete the sentences.**

*Example: Приехав в Москву, _____*
*Приехав в Москву, он быстро нашёл работу.*

1. Разговаривая по телефону, _____
2. Получив зарплату, _____
3. Опаздывая на самолёт, _____
4. Уходя из дома, _____
5. Бросив курить, _____
6. Познакомившись с Анной, _____
7. Взяв кредит в банке, _____
8. Уезжая из Москвы, _____
9. Выйдя замуж, _____
10. Заказав такси, _____

# 23 THE PASSIVE VOICE

> *В музе́е прово́дятся конце́рты стари́нной му́зыки.*
> The museum holds concerts of traditional music.
> *Па́мятник Пу́шкину был со́здан ску́льптором Опеку́шиным.*
> The Pushkin monument was created by the sculptor Opekushin.
> *Э́то реше́ние бы́ло при́нято мной.*
> The decision was made by me.

Active and passive constructions are synonymous, but they employ different ways of conveying the same message.

| Active construction | Passive construction |
| --- | --- |
| *Програ́мму конфере́нции гото́вит оргкомите́т.* <br> The steering committee is preparing the agenda for the conference. | *Програ́мма конфере́нции гото́вится оргкомите́том.* <br> The agenda for the conference is being prepared by the steering committee. |
| *Мы зако́нчили рабо́ту в срок.* <br> We finished the work on time. | *Рабо́та зако́нчена на́ми в срок.* <br> Our work was finished on time. |

Active constructions are used to emphasize a person's involvement in the action. If the emphasis is laid on the event, the object, etc., then the passive voice is used.

*Неизве́стный ви́рус вызыва́ет э́ту боле́знь.* (active construction)
An unknown virus causes this illness.
*Э́та боле́знь вызыва́ется неизве́стным ви́русом.* (passive construction)
This illness is caused by an unknown virus.

*О́перу «Пи́ковая да́ма» написа́л Чайко́вский.* (active construction)
Tchaikovsky composed the opera "The Queen of Spades."
*О́пера «Пи́ковая да́ма» напи́сана Чайко́вским.* (passive construction)
The opera "The Queen of Spades" was composed by Tchaikovsky.

In the passive voice, the agent is introduced by **the Instrumental case.**

Passive constructions identifying the agent are rarely used in colloquial speech, yet they are common in official business and academic documents.

If the agent is irrelevant to the speaker, both active and passive constructions can be used without it. Both of these constructions are widely used in every style of speech.

*Э́то блю́до гото́вят по стари́нному реце́пту.*
They prepare this dish according to the old recipe.
*Э́то блю́до гото́вится по стари́нному реце́пту.*
This dish is prepared according to the old recipe.

# FORMATION

There exist the following types of passive voice constructions.

- When we refer to a **process** or **a repetitive** action, we use

  **a) imperf. verb in -СЯ**

  *Строи́тельство аквапа́рка **ведётся** компа́нией «Непту́н».*
  The construction of the aqua park is carried out by the company "Neptune".

  **b) short form of the present passive participle + verb быть**
  **(in the appropriate form)***

  *Фи́льмы э́того режиссёра по-пре́жнему **люби́мы** пу́бликой.*
  This director's films are still loved by the public.

- When we refer to a **single completed action**, we use

  **short form of the past passive participle + verb быть**
  **(in the appropriate form)**

  *В Москве́ компа́нией «Аша́н» **бы́ли откры́ты** шесть гиперма́ркетов.*
  Six supermarkets were opened by the company "Auchan" in Moscow.
  *В Москве́ компа́нией «Аша́н» **откры́ты** шесть гиперма́ркетов.*
  There are six supermarkets opened by the company "Auchan" in Moscow.
  *В Москве́ компа́нией «Аша́н» **бу́дут откры́ты** шесть гиперма́ркетов.*
  Six supermarkets will be opened by the company "Auchan" in Moscow.

If the result of the action is preserved in the present, and if the focus of the speaker is on the details of the situation rather than the action itself, the verb **быть** can be omitted in the past tense.

*Москва́ осно́вана в 1147 году́.*
Moscow was founded in 1147.

Кем постро́ена Э́йфелева ба́шня?

If the result of the action is not preserved in the present, then the use of the verb **быть** is obligatory.

*Джон Ке́ннеди был и́збран президе́нтом США в 1960 году́.*
John Kennedy was elected President of the USA in 1960.

---
* Passive constructions with the present passive participle aren't typical for the modern Russian language.

# The passive voice

**УПРАЖНЕНИЯ**

## 1. Ask the questions and then answer them according to the model.

*Example:* «Идиот». Русский писатель Фёдор Достоевский. Написать.

— Кто написал роман «Идиот»?

— Роман «Идиот» написал русский писатель Фёдор Достоевский.

— Кем написан роман «Идиот»?

— Роман «Идиот» написан русским писателем Фёдором Достоевским.

1. Христофор Колумб. Америка. Открыть. _____

2. Дмитрий Иванович Менделеев. Периодический закон химических элементов. Открыть.

3. Норберт Винер. Основные принципы кибернетики. Сформулировать. _____

4. Альберт Эйнштейн. Теория относительности. Создать. _____

5. Князь Юрий Долгорукий. Москва. Основать. _____

## 2. Answer the questions, using the passive voice. Don't name the person performing the action.

*Example:* — Когда вы получили письмо?

— Письмо было получено в среду.

1. Вы отправили факс? _____
2. Шеф подписал контракт? _____
3. Клиент оплатил заказ? _____
4. Секретарь заказал билеты? _____
5. Участники конференции заполнили анкеты? _____
6. Вы закончили ваш проект? _____
7. Я слышал, утренний рейс в Саратов отменили? _____
8. Решение уже приняли? _____

**The passive voice**  УПРАЖНЕНИЯ

**3** **Transform the active constrictions into passive ones.**

*Example:* А. Флеминг открыл антибиотики.
Антибиотики (были) открыты А. Флемингом.

1. Экватор делит земной шар на Северное и Южное полушарие.

2. Альпинисты впервые покорили Эверест в 1953 году.

3. Парламент принял ряд новых законов.

4. Слова песни «Катюша» написал поэт Михаил Исаковкий.

5. Компания «Сибнефть» осваивает новое нефтяное месторождение.

6. Издательство «Эксмо» публикует серию книг «Иронический детектив».

7. Мэрия Петербурга объявила конкурс на лучший проект реконструкции Мариинского театра.

**4** **Test your knowledge. Answer the questions, using the passive voice.**

1. Кто учредил Нобелевскую премию?

2. Кто построил Эйфелеву башню?

3. Кто создал систему Станиславского?

4. Кто и когда основал Петербург?

5. Кто написал роман «Анна Каренина»?

6. Кто и когда основал Москву?

7. Кто написал картину «Три богатыря»?

8. Когда построили собор Василия Блаженного?

# TRANSFORMATION

## Active and Passive Constructions

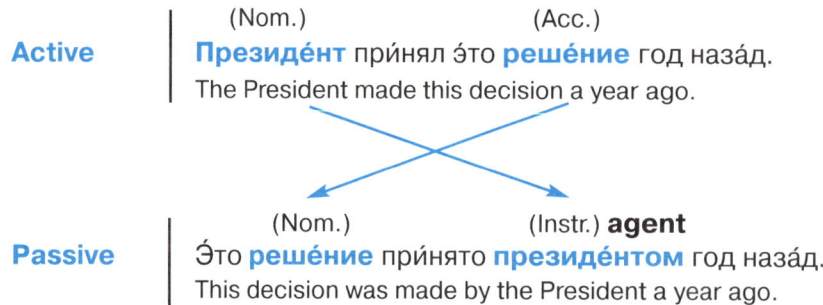

**Active**
　　　　(Nom.)　　　　　　　(Acc.)
　　**Президе́нт** при́нял э́то **реше́ние** год наза́д.
　　The President made this decision a year ago.

**Passive**
　　　　(Nom.)　　　　　　　(Instr.) **agent**
　　Э́то **реше́ние** при́нято **президе́нтом** год наза́д.
　　This decision was made by the President a year ago.

If the real subject is irrelevant, then it can be omitted in both active and passive constructions.

*В кио́ске продаю́тся све́жие газе́ты.*
Fresh papers are sold at the newsstand.
*Ка́сса уже́ закры́та.*
The ticket booth is already closed.

*В кио́ске продаю́т све́жие газе́ты.*
They sell fresh papers at the newsstand.
*Ка́ссу уже́ закры́ли.*
They already closed the ticket booth.

# The passive voice — УПРАЖНЕНИЯ

## 5 Transform the active constructions into passive ones.

*Example:* Это здание построили в 19 веке.
— Это здание было построено в 19 веке.

1. Конкурс молодых артистов балета организовали по инициативе Большого театра.

2. На Тверской недавно открыли новый ресторан.

3. Аудиторскую проверку закончат через две недели.

4. Все билеты на концерт Пласидо Доминго уже продали.

5. Его избрали мэром на второй срок.

6. Каждый месяц в городе открывают новые кафе и рестораны.

## 6 Transform the passive voice constructions into active ones.

*Example:* Эти слова употребляются всё чаще. — Эти слова употребляют всё чаще.

1. Он был избран депутатом парламента.

2. Для участия в конкурсе приглашаются все желающие.

3. На конференции этой проблеме уделялось большое внимание.

4. Выставка будет открыта через неделю.

5. В «Доме книги» продаются прекрасные книги по искусству.

6. Эта пьеса Шекспира переведена на русский язык Борисом Пастернаком.

7. Новый закон будет ратифицирован парламентом на следующей неделе.

# 24 EXPRESSION OF TIME (I)

> *Сейчáс полвторóго.*
> It's half past one now.
> *Я бýду у вас без пятú семь.*
> I'll be at your place at five to seven.
> *Он придёт в семь утрá.*
> He'll come at 7 a.m.
> *Позвонúте мне часóв в дéвять.*
> Call me at around nine.

## Скóлько сейчáс врéмени? Котóрый час?
### What's the time now? What time is it?

To express the time from 1 up to 30 minutes after the full hour, the following constructions are used in colloquial Russian:

*Сейчáс половúна вторóго. (Сейчáс полвторóго)*
It's half past one now.
пол (половúна) + **какóго**
(Gen. of the ordinal adj. masc. sing. of the next hour)

*Сейчáс чéтверть (пятнáдцать минýт) трéтьего.*
It's quarter past two.
чéтверть + **какóго**
(Gen. of the ordinal adj. masc. sing. of the next hour)

*Сейчáс 20 минýт седьмóго.*
It's twenty minutes past six.
20 минýт + **какóго**
(Gen. of the ordinal adj. masc. sing. of the next hour)

To express the time from 31 up to 59 minutes after the full hour, the following constructions are used in colloquial Russian:

*Сейчáс **без** пятú дéсять.*
It's five to ten now.
без + Gen. of the cardinal numeral + cardinal numeral in Nom.

*Сейчáс **без** чéтверти два.*
It's quarter to two now.
без чéтверти + cardinal numeral in Nom.

 In all these constructions, only the numerals from 1 to 12 are used to express the full hour.

## Expression of time (I) — УПРАЖНЕНИЯ

**1** What is the time now? Write it out in words.

$12^{30}$ _____

$13^{05}$ _____

$14^{25}$ _____

$7^{00}$ _____

$18^{18}$ _____

$16^{50}$ _____

$21^{45}$ _____

$10^{10}$ _____

$15^{40}$ _____

$16^{30}$ _____

$22^{55}$ _____

$17^{15}$ _____

**2** Read the TV programme.

7.35 «Отчего, почему?» Программа для детей.

8.30 Православная энциклопедия.

9.45 «Утренняя звезда». Музыкальный конкурс.

10.25 Я — мама.

11.00 События. Время московское.

11.30 Музыкальная комедия «Трембита».

13.10 Опасная зона.

14.00 События. Время московское.

14.20 «Антимония». Интерактивная игра.

15.00 Очевидное — невероятное.

16.40 Наша версия. Под грифом «Секретно».

18.05. «Чисто английское убийство». Художественный фильм.

20.10 Чемпионат мира по хоккею.

22.30 Мода non-stop.

0.10 «Аморальные истории».

## Когда́? Во ско́лько? В кото́ром часу́?
### When? At what time?

*Самолёт прилета́ет в полови́не шесто́го, (в) полшесто́го.*
The plane arrives at half past five.

*По́езд прихо́дит (в) 10 мину́т седьмо́го.*  *По́езд отхо́дит без двадцати́ семь.*
The train arrives at ten past six.  The train leaves at twenty to seven.

The use of the preposition **в** is mandatory only in the construction
в полови́не (prep.) + **како́го**

### У́тро, день, ве́чер, ночь

| у́тро | день | ве́чер | ночь |
|---|---|---|---|
| 4.00 — 12.00 | 12.00 — 17.00 | 17.00 — 24.00 | 24.00 — 4.00 |

| что?  what? | когда́?  when? | во ско́лько?  at what time? |
|---|---|---|
| у́тро  morning | у́тром  in the morning | в семь часо́в утра́  at seven o'clock in the morning |
| день  afternoon, day | днём  in the afternoon | в три часа́ дня  at three o'clock in the afternoon |
| ве́чер  evening | ве́чером  in the evening | в семь часо́в ве́чера  at seven o'clock in the evening |
| ночь  night | но́чью  at night | в два часа́ но́чи  at two o'clock in the morning |

The word **час** is often omitted.
*Конце́рт начина́ется в семь.*
The concert begins at seven.

— *Как вы рабо́таете?* — What hours do you work?
— *С восьми́ утра́ до шести́ ве́чера.* — From eight in the morning until six in the evening.

🔹 The word **час** must be used when we say:
час (дня) — 13.00 or час (но́чи) — 01.00

The word **оди́н** isn't used.
*Мы встреча́емся в час.*
We meet at one (o'clock).

**Expression of time (I)** — УПРАЖНЕНИЯ

**3** Write out in words the time indicated in brackets.

1.
— Уже _____ (13³⁰).

— Ты опаздываешь?

— Да, самолёт прилетает в _____ (15³⁰).

2.
— Магазин уже не работает?

— Уже _____. Он закрывается в _____ часов (19⁰⁵, 19⁰⁰).

**4** Answer the questions. Use the information provided at the bottom of the exercise.

1. В Москве 10 часов утра. Сколько времени в Париже?
_____

2. В Лондоне 11 часов утра. Сколько времени в Москве?
_____

3. В Москве 2 часа дня. Сколько времени в Нью-Йорке?
_____

4. В Париже 7 часов вечера. Сколько времени в Москве?
_____

*Information:* Разница во времени между Москвой и Парижем — 2 часа.
Между Москвой и Лондоном — 3 часа.
Между Москвой и Нью-Йорком — 8 часов.

**5** Answer the questions, omitting the word час.
*Example: Когда прилетает самолёт? (8.00) — в восемь утра.*

1. Во сколько Андрей пришёл с работы? (20.00) — _____
_____

2. Сколько было времени, когда он позвонил? (21.00) — _____
_____

3. Во сколько обычно вы уходите на работу? (7.00) — _____
_____

4. Когда начинается передача «Времена»? (18.00) — _____
_____

5. Когда у вас урок? (9.00) — _____
_____

6. Когда приходит поезд? (6.00) — _____
_____

## Approximate, inexact time

— Мо́жно Ната́шу?  — May I speak to Natasha?
— Её нет, она́ бу́дет **в во́семь часо́в.**  — She isn't here, she'll be in at eight o'clock.
— (Её нет, она́ бу́дет **часо́в в во́семь.**  — She isn't here, she'll be in at around eight.)

To express inexact time, the **inversion** is used.

| Ско́лько вре́мени? What time is it? | Во ско́лько? At what time? |
|---|---|
| часо́в во́семь eightish, around eight | часо́в в во́семь at around eight o'clock |
| мину́т два́дцать шесто́го about twenty past five | мину́т в два́дцать шесто́го at about twenty past five |
| мину́т без пяти́ семь something like five to seven | мину́т без пяти́ семь (at) something like five to seven |

The following constructions are also very typical:

| | Ско́лько вре́мени? What time is it? | Во ско́лько? At what time? |
|---|---|---|
| 5.50 — 6.10 | о́коло шести́ (Gen.) (it's) around six | о́коло шести́ (at) around six |
| 6.01 — 6.15 | **нача́ло** седьмо́го (Gen.) (it's) a little past six | **в нача́ле** седьмо́го (at) a little past six |
| 6.01 — 6.25 | седьмо́й час (Nom.) (it's a little) past six | **в** седьмо́м часу́ (Prep.) (at a little) past six |
| 6.00 — 7.00 | ме́жду шестью́ и семью́ (Inst.) (it's) between six and seven | ме́жду шестью́ и семью́ (at) between six and seven |

💧 While referring to time, the word **час** is often omitted.
While referring to a date, **the name of the month** is often omitted.

*Он прие́хал в два.*
He arrived at two.
(the time is expressed by a cardinal numeral)

*Он прие́хал второ́го.*
He arrived on the second.
(the date is expressed by an ordinal numeral)

| **Expression of time (I)** | **УПРАЖНЕНИЯ** |

**6** Give answers with inexact time.

*Example:* Сейчас 9.10. — Сейчас минут десять десятого.

1. Когда начинается твой любимый сериал? (18.20) _____

2. Когда открывается метро? (6.00) _____

3. Во сколько должно приехать такси? (7.15) _____

4. Когда вы пойдёте обедать? (14.05) _____

5. Во сколько вы встретились? (15.45) _____

**7** Using the constructions in bold, replace the complex sentences with simple ones.

*Example:* Когда Антон позвонил, было **начало второго.**
— Антон позвонил в начале второго.

1. Когда я послал факс, было **около двух.**

2. Когда он лёг спать, был **одиннадцатый час.**

3. Когда закончился спектакль, было **часов десять.**

4. Когда мы вышли из кафе, было **начало седьмого.**

5. Когда мы закончили убирать квартиру, было **часа три.**

6. Когда Лена пришла, было, мне кажется, **между семью и восемью.**

**8** Figure out whether the people are talking about a date, or time.

1. Юля уехала в пять. _____
2. Я буду в четыре. _____
3. Она уехала шестого. _____
4. Мы будем там до десятого. _____
5. Я уйду в начале второго. _____
6. Саша пришёл в половине шестого. _____

# 25 EXPRESSION OF TIME (II)

> *Мы прибежа́ли на вокза́л за мину́ту до отправле́ния по́езда.*
> We came running to the railway station a minute before the train's departure.
> *Он позвони́л мне че́рез неде́лю по́сле своего́ прие́зда.*
> He called me a week after his arrival.
> *Спустя́ год Гали́на ушла́ из теа́тра.*
> A year later, Galina left the theatre.

❖ **за** + Acc. **до** + Gen. (indicate time preceding the event)

**накану́не** + Gen. (right before)

point to the fact that one moment (or event) is preceding another one.

*Накану́не Но́вого го́да они́ улете́ли на Ку́бу.*
Right before the New Year they flew to Cuba.

*Биле́ты мо́жно купи́ть
за 30 мину́т до нача́ла спекта́кля.*
Tickets can be purchased
30 minutes before the beginning of the show.

❖ **че́рез** + Acc. **по́сле** + Gen.

**спустя́** (bookish) + Acc.

**спустя́** (bookish) + Acc. **по́сле** + Gen.

indicate that one moment (or event) is following another one.

*Че́рез год по́сле оконча́ния университе́та они́ случа́йно
встре́тились.*
They ran into each other a year after graduating from the University.
*Спустя́ год они́ пожени́лись.*
A year later, they got married.

❖ **во вре́мя** + Gen. (during)

is not used with the words denoting specific time periods: *день, неде́ля, ме́сяц, год,* etc.

*Во вре́мя спекта́кля начался́ пожа́р.*
During the show, a fire broke out.

# Expression of time (II)

**УПРАЖНЕНИЯ**

**1** Answer the questions, using the construction *за* + *Acc.* *до* + *Gen.*

*Example:* Когда Пеле забил гол? (минута - окончание матча)
Он забил гол за минуту до окончания матча.

1. Когда умер Лев Толстой? (7 лет — Октябрьская революция) _____

2. Когда Анна переехала в Киев? (3 года — смерть) _____

3. Когда они пришли в магазин? (5 минут — закрытие магазина) _____

4. Когда надо выкупить заказанные билеты? (день — вылет) _____

5. Когда Людмила получила визу? (неделя — отъезд) _____

6. Когда вы купили билеты? ( 10 минут — отправление поезда) _____

7. Когда будут готовы все документы? (неделя — подписание контракта) _____

**2** Answer the questions, using the construction *через* + *Acc.* *после* + *Gen.* or *спустя* + *Acc.* *после* + *Gen.*

*Example:* Когда они пришли? (пять минут — начало спектакля)
Они пришли через пять минут после начала спектакля.

1. Когда он погиб? (год — начало войны)

2. Когда Анна вышла замуж? (3 года - окончание университета)

3. Когда можно будет купить видеокассету с этим фильмом? (три месяца — выход фильма на экран)

4. Когда они уехали в свадебное путешествие? (неделя — свадьба)

5. Когда Марк начал хорошо говорить по-русски? (2 года — приезд в Россию)

6. Когда этот фильм можно будет увидеть в кинотеатрах? (месяц — кинофестиваль)

❖ **в тече́ние** (bookish) **+ Gen.** (during)

indicates the duration of action; it is mostly used for describing specific time periods such as *день, неде́ля, ме́сяц, год,* etc., rather than events.

*Сла́ва изуча́л англи́йский язы́к в тече́ние трёх лет.*
Slava has studied English for three years.

в тече́ние неде́ли = неде́лю (Acc.) (during the week = for a week)

❖ **с + Gen. до + Gen.** (from … till)

is used to refer to dates (days, months, years), seasons, words like: *у́тро* (morning), *ночь* (night), etc.

*Он в о́тпуске с пя́того до два́дцать второ́го а́вгуста*
*(он вы́йдет на рабо́ту два́дцать второ́го а́вгуста).*
He is on holiday from the fifth of August till the twenty second of August
(he'll return to work on the twenty second of August).

❖ **с + Gen. по + Acc.** (bookish) (from … through, from … till)

is mostly used to refer to dates (days, months, years).

*Я бу́ду в Новосиби́рске с понеде́льника по пя́тницу.*
I shall be in Novosibirsk from Monday through Friday.
*Мы не рабо́таем с два́дцать четвёртого декабря́ по седьмо́е января́*
*(мы выхо́дим на рабо́ту восьмо́го января́).*
We don't work from the twenty fourth of December till the seventh of January
(we go back to work on the eighth of January).

💧 **с + Gen. до + Gen. = с + Gen. по + Acc.**
The former of these constructions is used more frequently.

❖ **при + Prep.**

- is used with proper nouns (to refer to the reign/time in power of various rulers)

  *при Екатери́не II* (during the reign of Catherine II)*, при Ста́лине* (under Stalin).

  *Моско́вское метро́ на́чали стро́ить при Ста́лине.*
  The construction of the Moscow metro began under Stalin.

- is often used with verbal nouns to refer to two simultaneous actions.

  *При вы́ходе из ваго́на не забыва́йте свои́ ве́щи.*
  Don't forget your belongings when leaving the train.

  *при вы́ходе из ваго́на = выходя́ из ваго́на = когда́ вы выхо́дите из ваго́на*

❖ **к + Dat.**

emphasizes the final cut-off moment for the action.

*Приходи́ к семи́ часа́м.*
Come by seven o'clock.
*На́до зако́нчить статью́ к понеде́льнику.*
The article has to be finished by Monday.

## Expression of time (II) — УПРАЖНЕНИЯ

**3** Do you know? Answer the questions explaining who was in power when these historical events took place.

1. Когда начали строить московское метро?
   _____

2. Когда был основан Петербург?
   _____

3. Когда в России появился флот?
   _____

4. Когда русские приняли христианство?
   _____

5. Когда из СССР был выслан Солженицын?
   _____

6. Когда в СССР началась перестройка?
   _____

7. Когда в России проходила приватизация?
   _____

8. Когда был основан Московский университет?
   _____

**4** Insert the appropriate prepositions from the current unit.

1. Будьте осторожны _____ выходе из лифта.
2. Саша очень волновался _____ экзамена.
3. _____ блокады они жили в Ленинграде.
4. В 1957 году за рубежом был опубликован роман Б. Пастернака «Доктор Живаго». _____ год он получил Нобелевскую премию. (1958 г.)
5. Выставка будет проходить в Эрмитаже _____ пятого апреля _____ десятое мая.
6. Я очень люблю роман Дюма «20 лет _____».
7. Света изучала английский язык _____ пяти лет.
8. Нужно всё закончить _____ семи часам.
9. Я думаю, _____ двум часам все придут.
10. Олег в командировке _____ второго мая _____ первого июня.
11. Вы получите ответ _____ недели.

# 26 EXPRESSION OF PURPOSE IN A SIMPLE SENTENCE

> *Я иду́ за хле́бом.*
> I am going to get bread.
> *Ю́ра пришёл поблагодари́ть нас.*
> Yura came to thank us.
> *В Москве́ бы́ло постро́ено тре́тье кольцо́ для реше́ния тра́нспортных пробле́м.*
> A third ring road was built in Moscow to solve the city's traffic problems.

❖ In colloquial speech, the purpose can be expressed by the construction

### *за* + Instrumental

*Я зае́ду за ва́ми.*　　　　　　*Мне на́до сходи́ть за сигаре́тами.*
I'll pick you up.　　　　　　　I need to go get some cigarettes.

This construction is used only with the verbs of motion.

❖ In colloquial speech, the purpose can also be expressed by the construction

### infinitive without *что́бы*

*Мы идём кури́ть.*　　　　　　*Он пошёл обе́дать.*
We're going to have a smoke.　He went to have lunch.

The infinitive is used after the verbs of motion, as well as after the following verbs:

*сесть* (to sit down)　　　　　　　*поста́вить* (to put — vertically)
*стать* (to get up, to stand up)　　*положи́ть* (to put — horizontally)
*лечь* (to lie down)　　　　　　　*пове́сить* (to hang)
*дать* (to give)　　　　　　　　　*посла́ть* (to send)
*взять* (to take)　　　　　　　　　*оста́вить* (to keep, to leave behind)
*звать* (to call)　　　　　　　　　*приглаша́ть* (to invite), etc.

*Я возьму́ почита́ть э́тот детекти́в.*
I'll take this detective novel to read.

In colloquial speech, the construction with two verbs in the same form can be used instead of the construction with an infinitive.

*Пойду́ покурю́.*　　　　　　　*Сходи́ купи́ молока́.*
I'll go to have a smoke.　　　Go get some milk.

## Expression of purpose in a simple sentence — УПРАЖНЕНИЯ

**1** **Complete the dialogue, using the construction *за* + Instr. Use the information provided below.**

*Example:* Анна дома? — Нет, она пошла за молоком.

1. Ты идёшь с нами в кафе? — Нет, я должен зайти _____
2. Наташи нет? — Она уехала _____
3. Ты идёшь сегодня на день рождения? — Да, но сначала мне нужно заехать _____
4. Где Олег? — Он пошёл в аптеку _____
5. Дина сразу едет в аэропорт? — Нет, она заедет _____

   *Information:* Я должна купить цветы.
   Олегу нужно купить лекарство.
   Мне нужно взять документы у подруги.
   Наташе нужно забрать детей из школы.
   Дина обещала Олегу подвезти его в аэропорт.

**2** **Agree with your conversation partner, using an appropriate construction with an infinitive.**

*Example:* Зачем он поехал в аэропорт? Встречает жену?
— Да, он поехал встречать жену.

1. Зачем Валя заходила? Взяла зонтик? — _____
2. Зачем вы принесли компакт-диск? Хотите показать его Наташе? — _____
3. Зачем Саша приходил? Ремонтировал компьютер? — _____
4. Зачем кассир ездила в банк? Снимала деньги со счёта? — _____
5. Зачем вы посылаете туда курьера? Она отнесёт документы? — _____
6. Зачем они поехали на Мальту? Они там отдыхают? — _____

**3** **What will you say in the following situations? Use a construction with two verbs in the same form.**

*Example:* Вы хотите читать. — Пойду почитаю.

1. Вы хотите пойти обедать. — _____
2. Вы хотите, чтобы ваш брат пошёл в аптеку за лекарством. — _____
3. Вы предлагаете коллеге пойти в кафе, чтобы вместе выпить кофе. — _____
4. Вы хотите немного поспать. — _____

❖ The purpose can be also expressed by the construction

### *для* + Gen. of the noun

*Космический корабль «Шаттл» используется для доставки экипажей на орбиту.*
The "Shuttle" is used to take the crews to the orbit.

The use of verbal nouns is typical of this construction:

*проводить — проведение* (to lead — leading; conduct — conducting)
*сохранить — сохранение* (to preserve — preserving)
*выполнять — выполнение* (to fulfill — fulfilling), etc.

❖ In formal speech, the following constructions are used:

### *с целью (в целях)* + Gen. or infinitive (with the purpose of)

*С целью обеспечить безопасность пассажиров вводится дополнительный контроль.*
= *С целью обеспечения безопасности пассажиров вводится дополнительный контроль.*
To ensure the safety of the passengers, additional security measures are being implemented.

### *ради* + Gen. (for)

*Он готов на всё ради своей семьи.*
He will do anything for his family.

### *во имя* + Gen. (for the sake of)

*Во имя нашей дружбы мы должны забыть об этом.*
For the sake of our friendship, we must forget about it.

### *во избежание* + Gen. (to avoid smth.)

*Во избежание недоразумений мы должны договориться обо всём заранее.*
In order to avoid misunderstandings, we should talk it all over beforehand.

❖ The purpose of the object can be expressed by the following constructions:

### *для* + Gen. or *от* + Gen.

*Это крем для загара.*  *Это таблетки от кашля.*
It's a sun cream.  These are cough drops.

**Expression of purpose in a simple sentence**  УПРАЖНЕНИЯ

**4  Answer the questions, using verbal nouns.**

*Example: Зачем был создан оргкомитет? Чтобы провести фестиваль «Золотая маска»?*
— *Да, оргкомитет был создан для проведения фестиваля «Золотая маска».*

1. С какой целью была принята эта программа? Чтобы сохранить памятники истории и архитектуры? _____

2. Зачем Центробанк делает это? Чтобы повысить курс рубля? _____

3. Зачем правительство делает это? Чтобы снизить уровень инфляции? _____

4. Для чего была создана международная космическая станция? Чтобы проводить научные исследования в космосе? _____

5. Для чего используется этот аппарат? Чтобы исследовать состояние сердца? _____

*Vocabulary:* исследование, снижение, проведение, сохранение, повышение.

**5  Answer the questions.**

1. Какие лекарства вы пьёте, когда больны? Расскажите, от чего эти лекарства. _____

2. Какой косметикой вы пользуетесь? Для чего предназначена эта косметика? _____

3. Когда используется крем для загара и когда крем от загара? _____

**6  Transform the following word combinations, making use of the construction *с целью (в целях)*.**

*Example: Для развития экономического сотрудничества —*
*в целях развития экономического сотрудничества*

1. Для повышения качества образования — _____

2. Для улучшения экологической ситуации в городе — _____

3. Для уменьшения расходов — _____

# 27 EXPRESSIONS OF CAUSE IN A SIMPLE SENTENCE

> *Благодаря специальной компьютерной программе мы подготовили отчёт за один день.*
> Thanks to the special computer programme, we prepared the report in one day.
> *Из-за пробок я часто опаздываю на работу.*
> I am often late for work because of traffic jams.
> *Он умер от рака.*
> He died of cancer.

The cause of a favorable action or phenomenon is expressed by the construction

**благодаря + Dat.**

*Благодаря вам я не опоздала.*
Thanks to you, I wasn't late.

The cause of an unfavorable action or phenomenon is expressed by the construction

**из-за + Gen.**

*Из-за вас я опоздала.*
I was late because of you.

The cause for a change or a spontaneous display of a physical or emotional state is expressed by the construction

**от + Gen.**

*Она заплакала от обиды.*
Offended, she broke into tears.

The cause of an unfavorable action can be introduced by the following expressions:

**по** ошибке (by mistake)    **по** невнимательности (by lack of attention, negligence)
**по** глупости (out of stupidity)    **по** забывчивости (because of forgetfulness)
**по** болезни (because of illness)    **по** привычке (out of habit)
**по** недоразумению (through misunderstanding), etc.

*По ошибке я взяла мамины ключи.*
By mistake, I took Mom's keys.

The cause of an intentional action (its motivation) can be introduced by the following expressions:

**из** любопытства (out of curiosity), **из** вежливости (out of politeness) and the like.

*Я согласилась с ним из вежливости.*
I agreed with him out of politeness.

# Expressions of cause in a simple sentence — УПРАЖНЕНИЯ

**1** Say whether the action was favorable for you or unfavorable? Use the prepositions *благодаря* or *из-за.*

*Example:* Вы не пошли в театр. Наташа потеряла билеты.
— Я не пошла в театр из-за Наташи.

1. Вы опоздали на самолёт. По дороге в аэропорт были пробки. — _____

2. Вы не поехали на дачу. Вы должны были закончить доклад. В выходные была очень хорошая погода. — _____

3. Вы не опоздали на работу. Вас подвёз Андрей. — _____

4. Вы хорошо знаете английский язык. Ваши родители всегда настаивали на том, чтобы вы учили его. — _____

5. Вы сделали карьеру, потому что вы очень работоспособный человек. — _____

6. Вы проснулись очень рано, потому что услышали шум. — _____

7. Вы научились плавать. Вам очень помогла ваша подруга. — _____

**2** Use the nouns in brackets in the appropriate form and with the appropriate prepositions *(из-за, от, по, из)* to state the cause of action.

1. Анна пошла на встречу _____ (любопытство).
2. Он сделал карьеру _____ (честолюбие).
3. У меня покраснели руки _____ (холодная вода).
4. Катя взяла ваши ключи _____ (ошибка).
5. У Людмилы часто болит голова _____ (переутомление).
6. Сумка очень неудобная, я купила её _____ (глупость).
7. Он бросился бежать _____ (страх).
8. Виктор не стал лётчиком _____ (плохое зрение).
9. Я перепутала документы _____ (невнимательность).
10. Он замолчал _____ (неожиданность).

# 28 EXPRESSION OF CONDITION

> При высо́кой температу́ре сле́дует принима́ть лека́рство.
> In case of high fever, one should take medicine.
> Вы мо́жете получи́ть креди́т то́лько при усло́вии, что у вас есть постоя́нная рабо́та.
> You can take out a bank loan only on condition that you have a permanent job.

- **ПРИ** + **Prep.**

    При жела́нии мы мо́жем взять такси́.
    If we wish, we can take a taxi.
    Я сде́лаю э́то при одно́м усло́вии.
    I shall do it on one condition.

    При пожа́ре звони́те 01.
    In case of fire, call 01.

- **БЕЗ** (without) + **Gen.**

    Без уча́стия экспе́ртов мы не мо́жем оцени́ть сто́имость прое́кта.
    Without the involvement of experts, we cannot estimate the cost of the project.

In scientific and official styles, the following constructions are most frequently used:

- **ПРИ УСЛО́ВИИ** (on condition) + **Gen.**

    **ПРИ УСЛО́ВИИ, ЧТО** (on condition that)
    **ПРИ ТОМ УСЛО́ВИИ, ЧТО** (on the condition that)

    Э́тот прое́кт мо́жет быть реализо́ван то́лько при усло́вии получе́ния дополни́тельных инвести́ций.
    This project can be implemented only on condition of attracting additional investments.

- **В СЛУ́ЧАЕ** (in case of) + **Gen.**

    **В ТОМ СЛУ́ЧАЕ, Е́СЛИ** (in the case if)
    **В СЛУ́ЧАЕ, Е́СЛИ** ((in case) if)

    В слу́чае отка́за вы мо́жете обрати́ться в суд.
    In case of refusal, you can appeal to court.

    Вы смо́жете получи́ть рабо́ту в на́шей компа́нии в том слу́чае, е́сли сдади́те экза́мен по англи́йскому языку́.
    You can get a job at our company (in case) if you pass a language test in English.

# Expression of condition

**УПРАЖНЕНИЯ**

**1** **Transform the simple sentences into complex ones.**

*Example:* Мы сможем сделать это только при вашем участии.

Мы сможем сделать это, только если вы будете участвовать.

1. При желании он мог бы взять такси. _____

2. Без повторения трудно запомнить новые слова. _____

3. Без его подписи этот документ недействителен. _____

4. Мы готовы заключить этот контракт при условии получения гарантий. _____

5. В случае победы команда получит денежный приз. _____

6. Покупательный спрос увеличивается при повышении зарплаты. _____

**2** **What would you do in the following situations? Use the constructions *в случае, если; в том случае, если*.**

*Example:* Вам нужно снять квартиру. — В том случае если мне будет нужно снять квартиру, я обращусь в агентство недвижимости.

1. Вы опоздали на самолёт. — _____

2. Вы потеряли паспорт. — _____

3. Вам нужно выучить русский язык за полгода. — _____

4. Вам нужно продать старый автомобиль. — _____

# 29 EXPRESSION OF CONCESSION

> *Несмотря на плохую погоду, мы решили поехать за город.*
> In spite of the bad weather we decided to go to the countryside.
> *Мы решили пойти на концерт Элтона Джона, хотя билеты очень дорогие.*
> We've decided to go to the Elton John concert, even though the tickets are very expensive.

## In a simple sentence

In a simple sentence the concession is usually expressed by the following means:

- **несмотря на + acc.** (in spite of)

    *Несмотря на дождь, он работал в саду.*
    In spite of the rain, he was working in the garden.

- **всё-таки** (still, nevertheless)    **всё равно** (all the same; anyway)
  **всё же** (nevertheless)    **тем не менее** (nevertheless)

    *Всё равно я поеду в Петербург.*
    Anyway, I'll go to Petersburg.

- **хотя*** ((al-)though)

It is used only with homogeneous parts of the sentence (for instance, two attributes).

    *Потери хотя и велики, но не катастрофичны.*
    Even though the losses are big, they are not catastrophic.

- **вопреки + Dative** (in spite of, regardless)

    вопреки ожиданиям (despite expectations)
    вопреки советам (against smb.'s advice)
    вопреки прогнозу (in spite of the forecast), etc.

    *Вопреки ожиданиям он отказался занять пост финансового директора.*
    Despite expectations, he declined the position of Financial Director.

- **независимо от** (irrespective of; regardless of ) **+ Gen.**

    *Мы поедем на дачу независимо от погоды.*
    We'll go to the dacha regardless of what the weather will be like.

- **при всей / всём + Prep. case** (with all + none)

    при всём уважении (with all due respect)
    при всём желании (with all one's will)
    при всех трудностях (with all the difficulties), etc.

    *При всём желании я не могу вам помочь.*
    With all my will, I (still) cannot help you.

---

*In colloquial speech **хоть** is used.

| **Expression of concession** | **УПРАЖНЕНИЯ** |

**1** Transform the complex sentences into simple ones. Use the construction *несмотря на* + Acc.

*Example:* Он согласился стать главным врачом, хотя опыта у него не было.
Он согласился стать главным врачом, несмотря на отсутствие опыта.

1. Мы пошли гулять, хотя шёл дождь. _____

2. Она не поехала с нами, хотя мы её долго уговаривали. _____

3. Маша не пришла на мой день рождения, хотя и обещала. _____

4. Сергей помог мне купить компьютер, хотя он и очень занят. _____

5. Мне не понравился фильм «Сибирский цирюльник», хотя я и люблю фильмы Н. Михалкова. _____

6. Она не ушла с концерта, хотя у неё сильно болела голова. _____

7. Они поженились, хотя их родители возражали. _____

8. Он спел прекрасно, хотя он очень волновался. _____

*Vocabulary:* уговоры, обещание, занятость, сильная головная боль, возражения, волнение.

**2** Complete the sentences.

1. Вопреки ожиданиям _____

2. Вопреки прогнозу _____

3. При всём уважении к вам _____

4. При всём желании _____

5. Вопреки моим советам _____

## In a complex sentence

❖ In complex sentences the following conjunctions are used:

**хотя́** (**хоть** — coll.) ((al-)though)
**несмотря́ на то, что** (in spite of the fact that)
**невзира́я на то, что** (bookish)(regardless of the fact that)
**пусть, пуска́й** (though; even though; even if)
**при том, что** (bookish) (for all that)
**незави́симо от того́ что** (bookish) (irrespective of the fact that)
**вопреки́ тому́ что** (bookish) (in spite of the fact that)

**Хотя́** ((al-)though) is the most neutral stylistically and is used particularly often.

- **хотя́ (хоть)**

    *Он посла́л за врачо́м, хотя́ наде́жды не́ было никако́й.*
    He sent for the doctor although there was no hope at all.

    *А она́ нам нра́вится, хоть и не краса́вица.* (Ю. Шевчук)
    And we like her, even though she is not a beauty.

- **несмотря́ на то, что** is typical for literary style

    *Несмотря́ на то, что у него́ нет слу́ха, он лю́бит петь.*
    In spite of the fact that he's got no ear for music, he loves to sing.

- **невзира́я на то, что**
  **при том, что**

    *Невзира́я на то, что э́та пробле́ма обсужда́ется дово́льно давно́, никто́ не смог предложи́ть её реше́ние.*
    Regardless of the fact that this problem has been discussed for quite some time, nobody could offer a solution.

    *При том, что он был врачо́м, он хорошо́ знал ру́сскую поэ́зию.*
    Even though he was a doctor, he knew Russian poetry well.

- **пусть, пуска́й** contain a slight connotation of assumption

    *Пусть он сам винова́т в э́том, но всё-таки мне его́ жа́лко.*
    Even if it's his own fault, I still feel sorry for him.

    *Пуска́й он не зна́ет исто́рию Росси́и, но он хорошо́ понима́ет ру́сских.*
    Even though he doesn't know Russian history, he understands the Russians well.

## Expression of concession — УПРАЖНЕНИЯ

**3** **Make up dialogues. Say that in spite of the favorable conditions, the action didn't take place. Use** *хотя* **or** *несмотря на то, что.*

Example: — Если бы вы позвонили ему, он бы вас встретил.
— Вы знаете, несмотря на то, что я позвонил ему, он меня не встретил.

1. — Если бы вы много занимались, вы бы хорошо говорили по-русски.
   — Вы знаете, _____

2. — Если бы Наташа позвонила вам в пятницу, вы бы успели купить билет.
   — К сожалению, _____

3. — Если бы ты вышел из дома в 6 часов, ты бы не опоздал на спектакль.
   — Знаешь, _____

4. — Если бы вы знали китайский язык, вам было бы легко найти работу.
   — Вы ошибаетесь, _____

5. — Если бы вы знали этот район, вы бы не заблудились.
   — Да нет, _____

**4** **Make up dialogues. In your replies, use** *всё же, всё-таки, тем не менее, всё равно* **and the conjunction** *хотя.*

Example: — Неужели за пять дней вы успели посмотреть Рим, Флоренцию и Венецию?
— Хотя мы были в Италии всего 5 дней, мы всё-таки успели посмотреть Рим, Флоренцию и Венецию.

1. — Неужели вы помните эту историю, которая была много лет назад?
   — _____

2. — Неужели Анна, такая занятая женщина, часто ходит в театры?
   — _____

3. — Неужели вы верите Олегу, ведь он много раз не выполнял свои обещания?
   — _____

4. — Неужели вы получили моё письмо, ведь я забыла написать номер вашего дома?
   — _____

5. — Неужели вы поедете на дачу, ведь завтра будет очень холодно?
   — _____

6. — Неужели он уехал, ведь мы собирались встретиться завтра?
   — _____

**5** **Transform two simple sentences into one complex, making use of the given conjunctions.**

Example: *(несмотря на то, что)* Он окончил университет. Он пишет с ошибками.
— Несмотря на то, что он окончил университет, он пишет с ошибками.

1. *(при том, что)* В Новосибирске летом +30°C. Там очень холодная зима.
   — _____

2. *(пусть)* Эта машина стоит дорого. Зато она очень надёжная.
   — _____

3. *(невзирая на то, что)* Больной был предупреждён о последствиях. Он отказался от операции. — _____

4. *(несмотря на то, что)* В Бразилии часто происходят финансовые скандалы. Бразильский рынок — самый благоприятный для инвесторов.
   — _____

# 30 EXPRESSION OF COMPARISON*

> В свои двáдцать лет он был наи́вен, как ребёнок.
> At twenty years old, he was still as naive as a child.
> Он молчáл, как бýдто воды́ в рот набрáл.
> He was silent as if he were mum (lit.: filled his mouth with water).

❖ To express comparison, both in simple and in complex sentences, the conjunction **КАК** (as) is most commonly used.

*Вóздух чист и свеж, как поцелýй ребёнка.* (М. Лермонтов)
The air is clean and fresh as a baby's kiss.
*Цветы́ онá постáвила в центр столá, как э́то обы́чно дéлала её мáма.*
She put the flowers in the center of the table, as her Mom used to do.

💧 **КАК** can mean "in the capacity of someone/something" and define the function or role of a person or an object.

*Я знал егó как прекрáсного журналистa и переводчика.*
I knew him as a wonderful journalist and translator.

**Compare:** *В э́той фи́рме он рабóтал как консультáнт по маркéтингу.*
*В э́той фи́рме он рабóтал консультáнтом по маркéтингу.*
He worked as a marketing consultant in this company.

❖ To express comparison with a hypothetical situation, the following synonymous conjunctions are used:

**КАК БУ́ДТО (БЫ)** (as if) — the most frequent,
**БУ́ДТО (БЫ)** (as though, as if) = **СЛÓВНО** (bookish) = **ТÓЧНО** (bookish)

*Онá смотрéла на негó так, как бýдто ви́дела впервы́е.*
She looked at him as if she saw him for the first time.
*Он смóтрит на жизнь, бýдто сквозь рóзовые очки́.*
He looks at life as if through pink glasses.
*Он сдéлал пáузу, слóвно подбирáя словá, а потóм продóлжил объяснéние.*
He paused as if searching for words, and then continued his explanation.

**КАК ÉСЛИ БЫ** (bookish) (as though, as if) + verb in the past tense

*Онá велá себя́ так, как éсли бы былá королéвой.*
She behaved as if she were a queen.

**КАК БЫ** (as if) + gerund or verb

*Он грýстно посмотрéл на меня́, как бы говоря́: «Я всё понимáю».*
He looked at me sadly as if saying: "I understand everything."

In colloquial speech, **КАК БЫ** is often used as a "filler".

---
* The expression of comparison with comperative form of adjective and adverb see "A Living Russian Grammar", part I, p. 98.

| Expression of comparison | УПРАЖНЕНИЯ |

**1** **Complete the sentences, using the given comparisons.**

*Как сахар, как камень, словно пух, как шоколад, как ртуть*

1. Новый материал лёгкий, но твёрдый, _____
2. У неё были каштановые волосы и темная, _____, кожа.
3. Он нежно погладил мягкие, _____, волосы ребёнка.
4. Дыня была сладкая, _____
5. Он двигался легко, был подвижным, _____

**2** **Complete the sentences, using the conjunctions** *будто, как будто, словно, точно, как если бы, как бы.*

1. Этот февральский день был тёплым, _____ уже наступила весна.
2. По ночам было так холодно, _____ сейчас был март, а не середина июня.
3. Он волновался так, _____ это был первый экзамен в его жизни.
4. Этот старый холостяк так рассуждал о воспитании детей, _____ был счастливым отцом большого семейства.
5. Он ведёт себя так, _____ мы не знакомы.
6. Она смотрела на него с мягкой улыбкой, _____ говоря: «Не грусти, мы расстаёмся ненадолго».

**3** **Complete the sentences.**

1. Она так радуется, как будто _____
_____

2. Мы были такие голодные, точно _____
_____

3. Он смотрел на неё так, словно _____
_____

4. Она молчала, как будто _____
_____

5. Хотя Олег уезжал только на неделю, он собирался как если бы _____
_____

6. Он отвернулся, как бы _____
_____

❖ If the comparison involves nouns or pronouns, they should be used in the same case.

**Снег**, как бе́лое **одея́ло**, укры́л зе́млю.
The snow, as a white blanket, covered the earth.

Зима́ укры́ла зе́млю **снего́м**, как бе́лым **одея́лом**.
Winter covered the earth with snow like with a white blanket.

In other cases the comparison always takes the Nominative case.

Коро́ль был **сме́лым** (adj.), как **лев**.
The king was as brave as a lion.

Она́ **пла́кала** (verb), как **ребёнок**.
She cried like a baby.

❖ **Memorize the following set phrases:**

дождь льёт как из ведра́ (it's raining cats and dogs; lit.: as from a pail)

холо́дный, как лёд (cold as ice)

голо́дный, как волк (hungry as a wolf)

чу́вствовать себя́ как до́ма (to feel at home)

дела́ иду́т как по ма́слу (things are going without a hitch; lit.: like sliding on oil)

как снег на́ голову (like a bolt out of the blue; lit.: like snow onto the head)

поня́тно, как два́жды два четы́ре (as plain, as two times two is four)

чу́вствовать себя́ как ры́ба в воде́ (to take to something like a duck to water; lit.: like a fish in water)

боль как руко́й сняло́ (pain suddenly gone, as if by magic; lit.: as if taken away by a move of the hand)

ста́рая, как мир, и́стина (the truth (is) as old as the hill; lit.: as old as the world)

похо́жи как две ка́пли воды́ (as like as two peas in a pod; lit.: like two drops of water)

Дождь льёт как из ведра́.

Они́ похо́жи как две ка́пли воды́.

**Expression of comparison** — **УПРАЖНЕНИЯ**

## 4 Insert the words in brackets in the appropriate form.

1. Он относился к своей машине, как к _____ (любимая женщина).
2. По вечерам он беседовал со своим доберманом, словно с _____ (друг).
3. Я мечтаю жениться на девушке с голубыми, как _____ (небо) глазами и голосом нежным, словно _____ (флейта).
4. В неподвижной воде, как в _____ (зеркало), отражаются деревья.
5. Я расскажу тебе всё, как _____ (самый близкий человек).
6. В июле в Москве было жарко, как _____ (Африка).
7. Она любила его, как _____ (брат).
8. Он засмеялся, как _____ (ребёнок).

## 5 Replace the expressions given in bold with the set phrases.

1. В гостях у подруги она чувствует себя **спокойно и комфортно**.
   _____

2. Они близнецы и **очень похожи**.
   _____

3. Дела в новой фирме шли **прекрасно, без проблем**.
   _____

4. Это нам **абсолютно ясно**.
   _____

5. **Боль прошла очень быстро**.
   _____

## 6 Complete the set phrases.

*Example:* Свободный, как _____
Свободный, как ветер

1. голодный, как _____
2. злой, как _____
3. хитрый, как _____
4. упрямый, как _____
5. медленно, как _____
6. холодный, как _____
7. молчит, как _____
8. трусливый, как _____
9. повторяет, как _____
10. дождь льёт как _____

❖ **ЧЕМ + comparative form of an adjective or an adverb**

*Москву́ я люблю́ бо́льше, чем Петербу́рг.*
I like Moscow better than Petersburg.
*Зима́ в Москве́ оказа́лась холодне́е, чем я ду́мал.*
Winter in Moscow turned out to be colder than I expected (it to be).

**ЧЕМ + comparative, ... ТЕМ + comparative** (in a complex sentence)

*Чем ме́ньше же́нщину мы лю́бим, тем ле́гче нра́вимся мы ей.* (А. С. Пу́шкин)
The less we like a woman, the easier it is to get her to like us.
*Чем ху́же, тем лу́чше.*
The worse, the better.

❖ To express comparison, the following words and expressions are used:

**В ОТЛИ́ЧИЕ ОТ + Gen.** (in contrast to, as different from)

*В отли́чие от тебя́ я никогда́ не увлека́лся футбо́лом.*
Unlike you, I was never fond of football.

**ПО СРАВНЕ́НИЮ С + Instr.** (in comparison with, compared to)

*По сравне́нию с Москво́й Сара́тов — небольшо́й го́род.*
As compared to Moscow, Saratov is a small town.

**ВРО́ДЕ** (colloq.) **+ Gen.** (sort of)

*У него́ да́ча вро́де мое́й, но с гаражо́м.*
His dacha is sort of like mine, but it has a garage.

**ТИ́ПА + Gen.** (sort of, of the type )

*Э́то была́ програ́мма ти́па «ток-шо́у».*
This was a talk-show type of programme.

**НАПОДО́БИЕ** (bookish) **+ Gen.** (similar to, resembling)

*В антиква́рном магази́не я ви́дела ва́зу наподо́бие гре́ческой а́мфоры.*
At the antique store I saw a vase that looked like a Greek amphora.

**ПОДО́БНО** (bookish) **+ Dat.** (similar to, like)

*Подо́бно своему́ отцу́ он вы́брал профе́ссию юри́ста.*
Like his father, he chose to become a lawyer.

**A noun in Instrumental case**

*У неё нос карто́шкой.*
She has a bulbous nose (lit.: like a potato).

**Expression of comparison** — **УПРАЖНЕНИЯ**

**7** **In the column on the right, find the endings for the sentences on the left.**

| | |
|---|---|
| Чем выше поднималось солнце, | тем меньше болеем. |
| Чем больше она думала об этом, | тем дороже бензин. |
| Чем меньше мы реагируем на стресс, | тем лучше мы понимаем свой язык. |
| Чем больше языков мы знаем, | тем лучше. |
| Вино чем старше, | тем теплее становилось. |
| Чем дороже нефть, | тем интереснее ей казалась эта идея. |

**8** **Transform the sentences, using the conjunctions *в отличие от, по сравнению с*. Give variants.**

*Example:* Французы не едят сыр по утрам. Русские едят сыр на завтрак.
— В отличие от русских французы не едят сыр на завтрак.

1. Вы любите русский авангард, а я его не люблю.
   _____

2. Петербург — большой город, там живёт 4,5 млн человек. В Пскове живёт 400 тыс. человек.
   _____

3. Традиционная русская кухня довольно пресная, а мексиканская очень острая.
   _____

4. В прошлом году зима в Москве была тёплая, а в этом году довольно холодная.
   _____

5. Михаил Лермонтов погиб в 27 лет, а Лев Толстой прожил долгую жизнь, он умер в 82 года. _____

6. Андрей знает несколько слов по-испански. Марина свободно говорит на испанском языке. _____

7. Андрей очень любит футбол. Его жена Анна терпеть не может футбол.
   _____

**9** **Complete the sentences with the words *вроде, подобно, наподобие, типа*. Give variants.**

1. Он купил сыну книгу _____ энциклопедии.
2. В этом сезоне в моде летние платья _____ туники.
3. _____ гигантской стрекозе вертолёт висел над полем.
4. Люди _____ тебя всегда опаздывают.
5. Масленица — это русский праздник _____ карнавала.
6. Там, за углом, увидишь что-то _____ киоска.

# 31     SAME OR SIMILAR?

> У меня такая же юбка, как у тебя.
> I have the same skirt (as you).
> Вчера Андрей был в том же галстуке.
> Andrei wore the same tie yesterday.
> У нас одинаковые проблемы.
> We have the same problems.
> Наши дети учатся в одной школе.
> Our children go to the same school.

❖ **Тот же** (masc.)**, та же** (fem.)**, то же** (neut.)**, те же** (pl.)

are used when talking about **the same** object (100% identical).

*Я живу **в том же** районе, **что и** 10 лет назад.*
I live in the same neighborhood where I lived 10 years ago.

The second part of the comparison can be omitted if its meaning is obvious from the context.

*Я живу всё в **том же** районе, (что и 10 лет назад).*
I still live in the same neighborhood (where I lived 10 years ago).

These pronouns agree in gender, number and case with the word they modify.

*Вы опять были в том же ресторане?*
Did you go to the same restaurant again?

❖ **Тот же самый** (masc.)**, та же самая** (fem.)**, то же самое** (neut.)**, те же самые** (pl.)

The meaning of sameness can be emphasized by the words **самый, самая, самое, самые.**

*В прошлый раз я сидела на том же самом месте.*
I had exactly the same seat last time.

**Тот же ≠ другой**

— Вчера Анна была в той же юбке.
— Yesterday Anna wore the same skirt.
— Нет, что ты, вчера она была в другой.
— No, what do you mean? Yesterday she wore a different skirt.

 **То же самое** — the same.

140

❖ **Такóй же** (masc.)**, такáя же** (fem.)**, такóе же** (neut.)**, такúе же** (pl.) emphasizes similarity between two (or more) objects based on one or several characteristics.

**Такóй (такáя, такóе, такúе) же** means "similar, either to the above-mentioned object, or to the one that will be mentioned later".

> *Я хочý купúть **такýю же** сýмку, **как** у Тáни.*
> I want to buy a bag like Tanya's.

The second part of the comparison can be omitted.

> *У меня **такúе же** проблéмы, (как у вас).*
> I have the same problems (that you have).

Я хотéла бы жить в такóм же дóме.

**Такóй (такáя, такóе, такúе) же** ≠ **другóй (другáя, другóе, другúе)**
≠ **рáзные** (pl. only)

— *У негó **такóй же** подхóд к э́той проблéме, (как у тебя́).*
— He has the same approach to this problem (as you do).
— *Нет, у меня совершéнно другóй подхóд.*     **or**     *Нет, у нас рáзные подхóды.*
— No, I have a totally different approach.             No, we have different approaches.

**Такóй (такáя, такóе, такúе) же** agree in gender, number and case with the word they modify.

**Такóй (такáя, такóе, такúе)** without **же** mean "of this type, of this sort".

> *Он спросúл меня́, скóлько я зарабáтываю. Такúе вопрóсы не прúнято задавáть.*
> He asked me how much money I make. These types of questions are not appropriate.

❖ **Одúн, однá, однó, однú** can be used when talking about **the same** object, but the second part of comparison is absent.

**Compare:** *Мы с Сáшей живём в однóм дóме.* = *Сáша живёт в том же дóме, **что и я**.*
Sasha and I live in the same building. = Sasha lives in the same building with me.

Мы с Сáшей живём в однóм дóме.

### Same or similar? — УПРАЖНЕНИЯ

**1** Insert *тот (та) же* or *такой (такая) же* in the correct form into the sentences. Give variants where possible.

1. У меня есть _____ словарь.
2. Я живу в _____ квартире, что и 10 лет назад.
3. Давид работает в _____ университете, что и 5 лет назад.
4. У Наташи _____ квартира, как и у меня.
5. У него всё _____ машина.
6. Он играет всё в _____ театре.
7. У нас есть _____ ваза.
8. Это _____ юбка, в которой ты была вчера?

**2** Read and analyze an extract from V. Vysotsky's song "He Didn't Return From the Battle", commemorating the war. Pay attention to the words *тот же, та же, то же.*

«Почему всё не так? Вроде — всё как всегда:

То же небо — опять голубое,

Тот же лес, тот же воздух и та же вода…

Только — он не вернулся из боя.»

**3** Tell what you will do in the following situations.

*Example: Вам очень нравится сумка вашей подруги Кати. — Я куплю такую же сумку, как у Кати.*

1. В ресторане ваш друг заказал рыбу и бокал пива. — _____

2. Ваша подруга купила билеты на вечерний рейс. Вы хотите лететь вместе с ней.
   — _____

3. На прошлой неделе вы ужинали в ресторане. Он вам очень понравился. Теперь вы хотите пойти туда с друзьями. — _____

4. У вас есть очень удобные туфли, но они очень старые. — _____

5. В прошлом году вы жили в очень симпатичной гостинице на берегу моря. Вы хотите поехать туда же. — _____

**Same or similar?** — **УПРАЖНЕНИЯ**

### 4. Respond to the questions in negative. Give variants where possible.

*Example:* Это те же брюки, в которых ты была вчера? — Нет, это другие.

1. Анна и Алексей учились в одном университете? — _____

2. У тебя такие же очки, как у Лены? — _____

3. Вы жили в той же гостинице, что и в прошлом году? — _____

4. Вы с Ольгой учились в разных группах? — _____

5. У тебя другая машина? — _____

### 5. Transform the sentences according to the model.

*Example:* Мы с Таней живём в одном доме.
— Я живу в том же доме, что и Таня.

1. Мы с Олегом учимся в одной группе. — _____

2. Футбольный матч и детектив идут в одно время, но футбол по первому каналу, а фильм по второму. — _____

3. Супермаркеты «Седьмой континент» и «Перекрёсток» находятся на одной улице. — _____

4. Мы с Ларисой ехали в одном вагоне. — _____

5. Мои мама и папа родились в одном городе. — _____

6. Мы с Наташей родились в одной деревне. — _____

❖ **Оди́н и тот же, одна́ и та же, одно́ и то же, одни́ и те же**

are used when talking about a repetitive action which has the same object.

*Мне мно́го лет сни́лся оди́н и тот же сон.*
For many years I had a recurring dream.
*Он говори́т одно́ и то же.*
He says (=repeats) the same thing.

❖ The adjective **одина́ковый** (the same, lit.: identical) and the adverb **одина́ково** (in the same way) are used when the comparison is not expressed grammatically.

*«Одина́ковые о́фисы, одина́ковые секрета́рши, одина́ковые автомоби́ли. Мо́жет быть, ты хо́чешь чего́-нибу́дь друго́го?»* (advertisement).
Same offices, same secretaries, same cars. Perhaps you want something different?

*Мы понима́ем э́то одина́ково.*
We see it the same way.

❖ **Сто́лько же, так же, там же, туда́ же,** etc.

*У меня́ сто́лько же книг, ско́лько у Лёны.*
I have as many books, as Lena (does).
*В э́том году́ мы бу́дем отдыха́ть там же, где и в про́шлом.*
This year we'll go on holiday to the same place where we were last year.

❖ **Тако́й (же)** + long adjective
   **Так (же)** + short adjective or adverb

*Она́ така́я же краси́вая, как и её мать.*
She's as beautiful as her mother.

*Она́ так же краси́ва, как и её мать.*
She's as beautiful as her mother.

*Ми́тя так же хорошо́ говори́т по-англи́йски, как и по-францу́зски.*
Mitya is as fluent in English, as he is in French.

**Same or similar?** **УПРАЖНЕНИЯ**

## 6 Is it an indication of sameness or similarity? Insert *такой (такая) же, тот (та) же, один (одна), один и тот (одна и та) же, одинаковый.* Point out the possible options.

1. Наши мужья работают в _____ фирме. Она называется «Мегафон».
2. У жителей больших городов _____ проблемы.
3. Я хочу сделать _____ причёску, как у Лены.
4. Он окончил университет в 1995 году. В _____ году он поступил в аспирантуру.
5. Сколько можно смотреть _____ фильм?
6. Мы с Таней получаем _____ зарплату.
7. Прошлым летом была _____ жара.
8. Наши дети учатся в _____ школе.
9. Я уезжаю в _____ день, что и вы.

## 7 Insert the words *столько же, тот (та) же, такой (такая) же, так же* into the dialogue.

— Ты работаешь в _____ фирме?
— Нет, в другой. Сейчас я работаю в нефтяной компании.
— А зарабатываешь _____ или больше?
— Гораздо больше, чем раньше.
— Но у тебя была такая интересная работа, почему же ты ушла?
— Сейчас у меня _____ интересная работа, как и раньше. Но я трачу на дорогу гораздо меньше времени.
— Ты живёшь в _____ районе?
— Нет, мы переехали год назад. Купили новую квартиру. Мой муж, _____ как и я, всегда хотел жить в центре.
— Я рада за вас. Надо встретиться как-нибудь.

## 8 Insert *такой (такая) же* and *так же* into the sentences.

1. Андрей _____ устал, как и ты.
2. Он _____ талантливый, как и его отец.
3. Сегодня мужчины _____ интересуются модой, как и женщины.
4. Анна _____ очаровательна, как и 10 лет назад.
5. Он всё _____ занят.
6. Ты _____ упрям, как твой брат.
7. Этот торт _____ вкусный, как мой любимый торт «Прага».

# 32 ТОЖЕ, ТАКЖЕ, И

> *Мой друг лю́бит игра́ть в те́ннис. Я то́же игра́ю в те́ннис.*
> My friend likes to play tennis. I play tennis, too.
> *И моя́ сестра́ увлека́ется э́тим ви́дом спо́рта.*
> My sister is also fond of this sport.
> *Тури́сты посети́ли Кремль, а та́кже бы́ли в Третьяко́вской галере́е.*
> The tourists visited the Kremlin and went to the Tretiakov Gallery as well.

In certain situations ТО́ЖЕ = ТА́КЖЕ, but it is not always so.

❖ **ТО́ЖЕ** = **ТА́КЖЕ** (bookish) = **И**

when talking about identical situations or pieces of information.

*Я люблю́ Петербу́рг, Москва́ мне то́же нра́вится.*
I love Petersburg, I like Moscow too.
*Я люблю́ Петербу́рг. И Москва́ мне нра́вится.*
I love Petersburg. And I like Moscow too.

«Москва́» and «Петербу́рг» are the differentiating elements of the identical situations ("I love" and "I like"). These elements must refer to the same category: cities, drinks, fruits, etc.

**ТО́ЖЕ (ТА́КЖЕ)** is positioned **after** the second differentiating component, while **И** is placed **before**.

**ТО́ЖЕ** and **ТА́КЖЕ** are not used at the beginning of the sentence.

**Don't say:** *Пётр ру́сский. То́же Ива́н ру́сский.*   **Say:** *Пётр ру́сский. Ива́н то́же ру́сский.*

**ТО́ЖЕ (ТА́КЖЕ), И** are also used in negative sentences.

*Чай я не люблю́, ко́фе то́же. И горя́чий шокола́д мне не нра́вится.*
I don't like either tea or coffee. And neither do I like hot chocolate.

**ТО́ЖЕ** is stylistically neutral, whereas **ТА́КЖЕ** is more typical for formal, official and academic styles of speech.

*Рост больши́х городо́в нере́дко угрожа́ет приро́де. Разви́тие промы́шленности та́кже мо́жет наноси́ть вред приро́де.*
Urbanisation is often detrimental to nature. Industrial development can harm nature as well.

**Тоже, также, и** — **УПРАЖНЕНИЯ**

**1** **Continue the dialogues, using the conjunctions *тоже* and *и*.**

*Example:* — Я люблю кофе.
— И я люблю (Я тоже люблю).

1. — В этом году июль был очень жаркий.
   — А август?
   _____

2. — Завтра мы идём в Кремль.
   — А когда в Третьяковскую галерею?
   _____

3. — Мне нравится русская литература, а вам?
   _____

4. — Я предпочитаю классическую музыку, а вы?
   _____

5. — У меня отпуск будет в августе. А у вас?
   _____

6. — Я обычно ложусь спать поздно. А вы?
   _____

**2** **Say that the opinions, wishes or plans of other people are the same as yours.**

*Example:* — Вечером Ирина собирается пойти в кино.
— Я, пожалуй, тоже пойду в кино.

1. — Шеф был доволен нашей работой.
   — _____

2. — Мои коллеги хотят поехать кататься на горных лыжах.
   — _____

3. — Наш друг регулярно читает журнал «Итоги».
   — _____

4. — Этот депутат считает, что уровень жизни россиян повышается.
   — _____

5. — Моей подруге идёт голубой цвет.
   — _____

6. — Я хочу сделать ремонт в квартире.
   — _____

7. — На мой взгляд, «Ностальгия» — это лучший фильм Тарковского.
   — _____

❖ **ТА́КЖЕ**

is also used for **adding** similar information to what is already known. In this case ТА́КЖЕ is positioned **before** the words referring to this information.

**ТА́КЖЕ**

is often used in complex sentences. It can be placed at the beginning of the sentence.

*Б. Пастерна́к — изве́стный поэ́т, он написа́л та́кже рома́н «До́ктор Жива́го».*
B. Pasternak is a famous poet, he also wrote the novel "Doctor Zhivago".

*На кинофестива́ль привезли́ свою́ но́вую карти́ну по́льские кинематографи́сты. Та́кже в ко́нкурсе принима́ли уча́стие мастера́ кино́ из И́ндии, Ту́рции и Казахста́на.*
The Polish filmmakers brought their new film to the film festival. Cinematographers from India, Turkey and Kazakhstan also took part in the competition.

❖ **А ТА́КЖЕ** (and also, and as well)

is used, when a similar element is added, often in lists.

*Она́ изуча́ла пра́во, эконо́мику, **а та́кже** политоло́гию.*
She studied law, accounting and political science as well.

**Тоже, также, и**           **УПРАЖНЕНИЯ**

**3**    Complete the sentences by inserting the conjunctions *тоже* and *также*. When possible, give variants.

1. Во время отпуска в этом году мы ездили на Кавказ. В прошлом году мы _____ отдыхали там.

2. Эта компания делает инвестиции в развитие нефтедобывающей промышленности. Инвестиции планируются _____ в автомобилестроение.

3. Сегодня в Москве солнечно. В Петербурге _____ хорошая погода.

4. Встреча на высшем уровне прошла в Берлине 20 января. В этот день _____ состоялась беседа министров иностранных дел.

5. На Международной книжной ярмарке вы можете приобрести книжные новинки. Там вы можете _____ встретиться с известными писателями.

6. Я люблю стихи Пастернака. Поэзия Ахматовой _____ мне нравится.

7. Российское правительство проводит реформу армии. _____ планируется реформа в области образования.

**4**    Complete the sentences by adding a new piece of information.

*Example: В этом торговом центре мы купили телевизор. Мы также купили там видеомагнитофон, наушники и несколько видеокассет.*

1. Летом я побывал в Париже. _____

2. В университете они изучают химию. _____

3. В офисе она много работает на компьютере. _____

4. В клубнике содержится много витамина C. _____

5. В Московском театральном фестивале участвовал уникальный конный театр из Франции. _____

6. Чтобы похудеть, вам нужно соблюдать диету. _____

7. Анна изучала историю. _____

8. Я хочу посетить Москву, Петербург. _____

# 33 EXPRESSION OF NEGATION

> А́нна мне не звони́ла.
> Anna didn't call me.
> Не он э́то приду́мал.
> It was not him who thought it up.

❖ **Negative sentences (general negation):**

- **не + verb (predicate)**

Я **не** рабо́таю в воскресе́нье.  Обе́д **не** гото́в.
I don't work on Sunday.  Supper isn't ready.

- **нет + Gen.**

conveys the idea of **absence** in sentences such as

«У меня́ нет маши́ны» (I don't have a car)

and in sentences such as «В Пари́же нет казино́» (There is no casino in Paris).

💣 **нет ≠ да**

— Вы лю́бите о́перу?  — Do you like opera?
— Нет, не люблю́.  — No, I don't.
— Да, люблю́.  — Yes, I do.

❖ To express **partial negation,** the particle **не** is placed before the negated word.

Он живёт в Петербу́рге.
He lives in Petersburg.
**Не он** живёт в Петербу́рге.
**He** doesn't live in Petersburg (It's not him who lives in Petersburg).
Он живёт **не в Петербу́рге.**
He doesn't live **in Petersburg.**

Мне нра́вится, что вы больны́ **не мной**,
Мне нра́вится, что я больна́ **не ва́ми**.     (М. Цвета́ева)
I like that I am not the cause of your affliction (i.e. you're not in love with me),
I like that you aren't the cause of my affliction (i.e. I am not in love with you).

In such sentences a juxtaposition in relation to the negated word is a possibility.

**Не он** живёт в Петербу́рге, **а** его́ брат.
It's not him, who lives in Petersburg; it's his brother (who does).
Он живёт **не в Петербу́рге, а** в Москве́.
He lives in Moscow, not in Petersburg.

**Expression of negation**  **УПРАЖНЕНИЯ**

### 1 Transform the sentences into their negative counterparts.

*Example:* Он отмечал свой день рождения. — Он не отмечал свой день рождения.

1. Ему надо учить итальянский язык. _Ему не надо учить итальянский язык_

2. Курс рубля будет повышаться. _____

3. Он доволен своей поездкой. _Он не доволен своей поездкой_

4. Премьера спектакля состоится в мае. _премьера спектакля_

5. Она разбирается в политике. _Она разбирается в политике_

6. У него есть мобильный телефон. _У него нет мобильного телефона_

### 2 Transform the sentences into various negative ones.

*Example:* Русский музей — самый известный музей в России.
Русский музей — не самый известный музей в России.
Не Русский музей — самый известный музей в России.

1. Вы можете отвечать сразу.
_Вы не можете отвечать сразу_
_Вы можете не отвечать сразу_

2. Людмила была в Париже в июле.
_людмила не была в париже в июле_
_людмила была в париже не в июле_

3. Я звонила вам вчера. не
_Я звонила вам вчера_
_Я не звонила вам вчера_

4. Он любит тебя.
_Он не любит тебя_
_Он любит не тебя_

- In dialogues, the location of the intonation center plays an important role (the so-called logical accentuation).

**Compare:** *Вы **бы́ли** вчера́ в ци́рке? — Нет, не была́.*
Were you at the circus yesterday? — No, I wasn't.

***Вы** бы́ли вчера́ в ци́рке? — Нет, не я.*
Were you at the circus yesterday? — No, I wasn't.

*Вы бы́ли **вчера́** в ци́рке? — Нет, в пя́тницу.*
Were you at the circus yesterday? — No, on Friday.

*Вы бы́ли вчера́ **в ци́рке**? — Нет, в Но́вой о́пере.*
Were you at the circus yesterday? — No, in the New Opera house.

| **Don't say:** | **Say:** |
|---|---|
| *Нет я вам звони́ла.* | *Не я вам звони́ла.* |
| | It wasn't me, who called you. |
| *Он прие́дет нет ле́том.* | *Он прие́дет не ле́том.* |
| | He won't come here in summer. |

- Typically, to express opposition in negative sentences, the conjunction **а** and the construction **не то́лько, но и** are used.

*Ната́ша е́здит туда́ не ле́том, а зимо́й.*
Natasha goes there not in summer, but in winter.

*Не то́лько не́мцы, но и ру́сские лю́бят отдыха́ть в Ту́рции.*
Not only Germans, but also Russians like to go on holidays to Turkey.

❖ To emphasize the negation, use:

- pronouns and adverbs with the particle **ни** (**никто́, ничего́, нигде́, никако́й**, etc.*)

*Я никому́ не обеща́л сде́лать э́то.*
I didn't promise anybody to do it.

- double negation **ни ... ни** (neither ... no) with homogeneous parts of the sentence

*Он не хо́дит ни в теа́тры, ни в рестора́ны.*
He goes neither to theaters, nor to restaurants.

---

*See "A Living Russian Grammar", part I, p. 112.

# Expression of negation — Упражнения

**3** Answer the questions negatively paying attention to the second part of the sentence.

1. Вы поедете в Италию в июле?
   Нет, _не в Италию_, а в Испанию.
   Нет, _не в июле_, а в августе.

2. Вы купили дачу в Крыму?
   Нет, _не я_, а моя сестра.
   Нет, _не в Крыму_, а в Подмосковье.
   Нет, _не дачу_, а квартиру.

3. Анна звонила вам вчера?
   Нет, _не вчера_, а в пятницу.
   Нет, _~~(не я ни)~~ Анна не звонила мне_, а я Анне.
   Нет, _не мне_, а моему мужу.

**4** Answer the questions according to the model using the construction *не только, но и*.

Example: Он знает итальянский язык? — Он знает не только итальянский язык, но и русский.

1. Жан был в Москве? — _Он был не только в Москве, но и в Питере_

2. Вы купили холодильник? — _Я купил не только холодильник, но и телевизор_

3. Вы читали «Войну и мир»? — _Я читал не только Войну и Мир, но и Анну Каренину_

4. Джон умеет готовить борщ? — _Джон умеет не только борщ, но и уху_

**5** Transform the sentences according to the model.

Example: Я не люблю чай, кофе я тоже не люблю.
— Я не люблю ни чай, ни кофе.

1. Он не читал Толстого, Тургенева он тоже не читал.
   _Он не читал ни Толстого, ни Тургенева_

2. Мне никто не звонил вчера, сегодня мне тоже никто не звонил.
   _Мне никто не звонил ни вчера, ни сегодня_

3. Я не знаю его сестру, его брата я тоже никогда не видел.
   _Я не знаю ни его сестру, ни его брата_

4. Его не будет в мае, он вернётся только в августе.
   _Его не будет ни в мае, ни в июне, ни в июле_

- word combinations such as **ни ра́зу, ни мину́ты, ни ка́пли**, etc.

    **ни ка́пли** (not a drop; lit.: not at all) — Я ни ка́пли не жале́ю об э́том.
    I don't regret it at all.

    **ни души́** (not a soul, i.e. nobody) — В па́рке не́ было ни души́.
    There wasn't a soul in the park.

    **ни за что на све́те** (for nothing at all; not for all the treasures in the world) — Я ни за что на све́те не пое́ду туда́.
    Nothing can make me go there.

    **ни черта́** (colloq.) (nothing; lit.: not the devil) — Я ни черта́ не по́нял.
    I didn't understand a thing.

    **ни копе́йки** (not a kopeck) — У меня́ нет ни копе́йки.
    I don't have a penny.

In the constructions with **нет** the word «нет» can be omitted.

*Никого́ нет. → Никого́.*
Nobody is there.

*В голове́ нет ни одно́й мы́сли. → В голове́ ни одно́й мы́сли.*
There is not a single thought in my head.

**Compare:** Я не был там ни ра́зу.    Я был там не раз.
I have never been there.    I've been there more than once.

❖ Sentences with **не** and **ни** may express **affirmation.**

- Affirmation expressed by double negation.

    *Я не могу́ не сказа́ть ему́ об э́том = до́лжен сказа́ть.*
    I cannot withhold this from him (I can't but tell him about this) = have to tell him.

- Affirmation expressed by infinitive in its negative form and the words **как, почему́** and the like.

    *Как не сказа́ть ему́ об э́том! = ну́жно сказа́ть.*
    How not to tell him about it! = have to tell.

❖ The particle **не** is used in simple sentences (generally in exclamatory ones, often with the word только) to express affirmation.

*Чего́ он то́лько не зна́ет! = Он всё зна́ет.*
What only doesn't he know (lit.) = he knows everything.
*Куда́ он то́лько не е́здил! = Он всю́ду е́здил.*
Where only he hasn't travelled to (lit.) = He travelled everywhere.
*Чего́ тут то́лько нет! = Тут всё есть.*
What only cannot be found here (lit.) = There are all kinds of things here.

For affirmative emphasis, the particle **ни** is used before the verb (in the first clause of complex sentences).

*О чём ни спрошу́ — он всё зна́ет.*
Whatever I ask him — he knows everything.
*Куда́ ни пойду́ — везде́ его́ встреча́ю.*
Wherever I go — I run into him everywhere.

**Expression of negation** — УПРАЖНЕНИЯ

**6** **Replace the sentences with their antonyms, using the following words:** *ни копейки, ни души, ни разу, ни минуты, ни капли, ни за что на свете, ни черта.*

1. Там было много народу.
   *Там не было ни души*

2. Ольга была там не раз.
   *Ольга не была там ни разу*

3. У него много денег.
   *У него нет ни копейки*

4. У меня есть время.
   *У меня нет минуты*

5. Я очень жалею о том, что мы остались в Москве.
   *Я ни капли не жалею, что мы остались в Москве*

6. Он поедет туда в любом случае.
   *Он ни за что на свете поедет туда*

7. Я всё поняла.
   *Я ни черта не поняла*

**7** **Transform the sentences according to the model.**

*Example:* Я должен туда поехать?
Я не могу туда не поехать.

1. Она должна это сделать. *Она не может это не сделать*
2. Машина должна остановиться. *Машина не может не остановиться*
3. Человек должен любить. *Человек не может не любить*
4. Мы должны отметить ваш успех. *Мы не можем не отметить ваш успех*

**8** **Transform the sentences according to the model.**

*Example:* Чем он только не интересовался!
Он интересовался многими вещами.

1. С кем он только не знаком! _____
2. Где он только не работал! _____
3. Чего только не было в этом магазине! _____
4. Где мы только не отдыхали! _____
5. Откуда только не приходят письма! _____

# 34     ГДЕ? КУДА? ОТКУДА?

| | | |
|---|---|---|
| *Я пил кóфе в буфéте.*<br>I had coffee in the cafeteria. | *Я пошёл в буфéт.*<br>I went to the cafeteria. | *Я пришёл из буфéта.*<br>I came back from the cafeteria. |
| *Идите сюдá!*<br>Come here! | *Стóйте здесь!*<br>Stay here! | *Уезжáйте отсюда!*<br>Go away! |

| Где?<br>Where?<br>**place of action** | Кудá?<br>Where to?<br>**destination** | Откýда?<br>Where from?<br>**initial point of motion** |
|---|---|---|
| **В, НА + Prep.** | **В, НА.+ Acc.** | **ИЗ, С + Gen.** |
| танцевáть в зáле<br>to dance in the hall<br>лежáть на полý<br>to lie on the floor | войти в зал<br>to enter the hall<br>лечь на пол<br>to lie down on the floor | вы́йти из зáла<br>to leave the hall<br>встать с пóла<br>to get up from the floor |
| **ПОД, ЗА + inst.** | **ПОД, ЗА + Acc.** | **ИЗ-ПОД, ИЗ-ЗА + Gen.** |
| стоя́ть под мостóм<br>to stand under the bridge<br>висéть за двéрью<br>to hang behind the door | въéхать под мост<br>to drive under the bridge<br>повéсить за дверь<br>to hang behind the door | вы́ехать из-под мостá<br>to drive out from under the bridge<br>вы́глянуть из-за двери́<br>to peek from behind the door |
| **У, ÓКОЛО, ВÓЗЛЕ + Gen.** | **К + Dat.** | **ОТ + Gen.** |
| ждать у (óколо, вóзле) вхóда<br>to wait by (at, near, around) the entrance | подойти́ к вхóду<br>to approach the entrance | отойти́ от вхóда<br>to step away from the entrance |
| **at someone's** | **to someone** | **from someone** |
| **У + Gen.** | **К + Dat.** | **ОТ + Gen.** |
| быть у брáта<br>to be at my/your/etc. brother's | поéхать к брáту<br>to go (to visit) my/your/etc. brother | вернýться от брáта<br>to return from visiting my/your/etc. brother |

**Где? Куда? Откуда?**　　**УПРАЖНЕНИЯ**

**1** **Complete the sentences according to the model.**

*Example:* **(кинофестиваль)**
Летом я был _____. Летом я был на кинофестивале.
В июле я поеду _____. В июле я поеду на кинофестиваль.
Он вернулся _____ вчера. Он вернулся с кинофестиваля вчера.

1. **(командировка)**
   В мае я еду _____
   В мае я был _____
   Я вчера приехал _____

2. **(мать)**
   Сын приехал _____
   Сын был _____
   Сын уехал _____

3. **(ёлка)**
   Дед Мороз положил подарки _____
   Подарки лежат _____
   Дети достали подарки _____

4. **(война)**
   Он ушёл _____ в 1941 году.
   Он был ранен _____
   Он вернулся _____ полковником.

**2** **Transform the sentences according to the model.**

*Example:* Поезд утром идёт из Петербурга в Москву.
Поезд вечером идёт из Москвы в Петербург.

1. Самолёт вылетает из Парижа в Москву в 18.15.
   Самолёт вылетает _____ в 23.45.

2. Весной птицы летят с юга на север.
   Осенью птицы летят _____

3. Мы переставили письменный стол от стены к окну.
   Мы передвинули письменный стол _____

4. Машина въехала с улицы в гараж.
   Машина выехала _____

5. Я приехал из офиса на урок в шесть часов.
   Я приехал _____ в десять утра.

6. От Кремля кортеж направился к Парку Победы.
   От Парка Победы кортеж направился _____

7. Из детского сада я повёз ребенка к врачу. _____ я повёз ребенка _____

## Adverbs of place

| ГДЕ? | КУДА? | ОТКУДА? |
|---|---|---|
| здесь<br>here | сюда́<br>here | отсю́да<br>from here |
| там<br>there | туда́<br>there | отту́да<br>from there |
| везде́ (всю́ду)<br>everywhere | ——— | отовсю́ду<br>from everywhere |
| нигде́<br>nowhere | никуда́<br>nowhere | ниотку́да<br>from nowhere |
| внутри́<br>inside | внутрь<br>inside | изнутри́<br>from inside |
| снару́жи<br>outside | нару́жу<br>outside | снару́жи<br>from outside |
| сле́ва<br>on the left | нале́во<br>to the left | сле́ва<br>from the left |
| спра́ва<br>on the right | напра́во<br>to the right | спра́ва<br>from the right |
| внизу́<br>below | вниз<br>below | сни́зу<br>from below |
| вверху́, наверху́<br>above | вверх, наве́рх<br>above | све́рху<br>from above |
| впереди́<br>in front of | вперёд<br>forward | спе́реди (coll.)<br>in the front |
| сза́ди (позади́)<br>behind | наза́д<br>backwards | сза́ди<br>behind |
| где́-то, где́-нибудь, кое-где́<br>somewhere | куда́-то, куда-нибу́дь, кое-куда́<br>somewhere | отку́да-то, откуда-нибу́дь, кое-отку́да<br>from somewhere |

*По-ру́сски пи́шут сле́ва напра́во, а по-ара́бски — спра́ва нале́во.*
In Russian, they write from left to right, but in Arabic, they write from right to left.

*Снару́жи э́то зда́ние вы́глядит как шко́ла.*
From the outside this building looks like a school.

### Где? Куда? Откуда? — УПРАЖНЕНИЯ

**3** Transform the sentences according to the model; use the appropriate adverbs.

*Example:* Котёнок испугался и залез под кровать, сидел **под кроватью** весь день и только к вечеру вылез **из-под кровати**.

Котёнок испугался и залез под кровать, сидел **там** весь день и только к вечеру вылез **оттуда**.

1. Вчера мы вернулись из Ростова. Мы уехали **в Ростов** в пятницу вечером и провели **в Ростове** все выходные.
   _____
   _____

2. **От того места, где мы сейчас находимся**, до своего дома я могу доехать за полчаса.
   _____
   _____

3. Он живёт на пятом этаже. **С первого этажа на пятый** он поднимается на лифте, а **с пятого этажа на первый** спускается по лестнице.
   _____
   _____

4. Какая красивая шкатулка! Интересно, что **в ней**?
   _____
   _____

5. Алло, Таня? Это Вика. Мы с Андреем в кафе на Арбате. Если хочешь, приезжай к нам **в кафе**.
   _____
   _____

**4** After combining the words and the drawings, show the directions.

1. справа налево

2. снизу вверх

3. изнутри наружу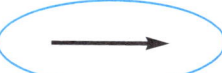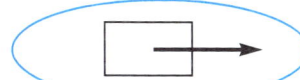

4. слева направо

5. навстречу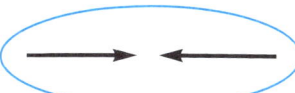

6. снаружи внутрь

7. сверху вниз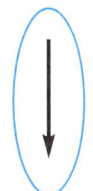

## ГДЕ?

The verbs that are used:

**быть** (to be)  **отдыха́ть** (to rest)
**находи́ться** (to be)  **стоя́ть** (to stand)
**жить** (to live)  **лежа́ть** (to lie down), etc.
**учи́ться** (to learn)

💧 If the motion is taking place within the limits of a specific location, the verbs of motion can also be used:

*пла́вать в бассе́йне*   *бе́гать в па́рке*   *е́хать под мосто́м*
to swim in the pool   to run in the park   to drive under the bridge

## КУДА́?

Apart from the verbs of motion, the following verbs are used:

*повора́чивать(ся) — поверну́ть(ся)* (to turn (around))
*поднима́ть(ся) — подня́ть(ся)* (to pick up, to get up)
*спуска́ться — спусти́ться* (to come down), etc.

## ОТКУ́ДА?

The verbs with the general meaning of returning, moving away from the object, are used:

*возвраща́ться — верну́ться* (to return)
*отходи́ть — отойти́* (to step aside)
*спуска́ться — спусти́ться* (to come down), etc.

**In a dialogue,**
the verb can be omitted. In this case, the **case of a noun** or an **adverb** help us to figure out where the action is taking place or where to and where from the motion is directed.

(Two acquaintances meet in the street)

— *Приве́т! Я в парк. Пойдём со мной?*
— Hello! I'm going to the park. Do you want to join me?
— *Извини́, я с рабо́ты, о́чень есть хо́чется.*
— I am sorry, I am just coming back from work and I am very hungry.
— *Тогда́, мо́жет, в ресторанчик? Тут оди́н неплохо́й недалеко́. «Ста́рые сте́ны» называ́ется.*
— Shall we go to a restaurant, then? There is a nice one nearby. It's called "Staryje Steny" ("The Old Walls").

(in the lift)

— *Вы вниз и́ли вверх?*
— (Are you going) up or down?
— *Вверх.*
— Up.

**Где? Куда? Откуда?** **УПРАЖНЕНИЯ**

**5** Complete the sentences using one of the following verbs in the appropriate form: *находиться, подняться, располагаться, поехать, спуститься, выбежать, выехать, повернуть, побежать, вернуться.*

1. Я бы хотел в августе куда-нибудь _____ отдохнуть.
2. Мы _____ с горы на лыжах, а потом _____ на гору на подъёмнике.
3. Детский сад, куда ходит мой сын, _____ около станции метро «Университет».
4. В центре города _____ административные здания, банки, офисы, дорогие гостиницы и рестораны, театры и музеи.
5. Сегодня мы _____ из театра поздно: спектакль был очень длинный.
6. Саша _____ из школы и _____ к киоску «Мороженое».
7. Машина _____ из гаража и _____ за угол.

**6** Tell about a trip to Russia.
*Example:* Я поехал из Москвы в Новгород, два дня жил в Новгороде, из Новгорода я поехал в Псков, …

**Маршрут № 1. «Золотое кольцо».**
Москва — Владимир — Суздаль — Ростов Великий — Кострома — Углич — Москва.

_____
_____
_____
_____

**Маршрут № 2. «По Волге».**
Москва — Ярославль — Нижний Новгород — Казань — Астрахань — Москва.

**Маршрут № 3. «Сибирь — Дальний Восток».**
Москва — Екатеринбург — Тюмень — Красноярск — Чита — Владивосток — Хабаровск — Новосибирск — Москва.

# 35 EXPRESSION OF UNCERTAINTY

> *Éсли вы захоти́те что-ли́бо обсуди́ть, звони́те.*
> Should you want to discuss anything, call.
>
> *Мне ну́жно кое-что́ купи́ть.*
> I need to buy something.
>
> *Одна́ моя́ знако́мая мне расска́зывала, что в Ту́рции быва́ет жара́ до 50°C.*
> An acquaintance of mine told me that in Turkey the heat can reach up to 50°C.

The adverbs and the pronouns with the particles **-то, -нибудь, -либо** and **кое-** convey different degrees of uncertainly.

| Particle | Degree of uncertainty from the speaker's standpoint | Example |
|---|---|---|
| **-нибу́дь** **-ли́бо*** | Maximum degree of uncertainty; the object may not even exist, it's only presumed. | *Éсли мне кто-нибу́дь позвони́т, скажи́, что я бу́ду че́рез час.* If anybody calls me, tell them that I'll be (back) in an hour. |
| **-то** | More specific: certain concrete object, place etc., but 1) it's not known to the speaker, 2) the speaker forgot or cannot remember the details | *Вам кто́-то звони́л.* Someone called you. *Я где́-то уже́ ви́дела э́ту же́нщину.* I've already seen this woman somewhere. |
| **ко́е-** | Maximum degree of certainty; the object, the place, etc. are known to the speaker, but she is not naming them. | *Мне кое-кто́ до́лжен позвони́ть, скажи́те, что я бу́ду по́сле обе́да.* Someone will be calling me; tell them that I'll be available after lunch. |

*****-ли́бо = -нибу́дь; *-ли́бо* are used in formal, bookish, business and academic styles.

💣 The nouns and pronouns with **-то** and **-нибу́дь** are interchangeable in certain contexts.

**Compare:** *Вы что-нибу́дь слы́шали об э́той вы́ставке?* (neutral question)
Have you heard anything about this exhibition?

*Вы что́-то слы́шали об э́той вы́ставке?* (supposition)
Didn't you hear something about this exhibition?
(message: I am expecting your comments)

**Expression of uncertainty** — **УПРАЖНЕНИЯ**

**1** Ask questions so that the underlined words would become answers; use the words with *-нибудь* or *-либо*.

Example: _____? — Она **никуда** не уходила.
Она **куда-нибудь** уходила? — Она **никуда** не уходила.

1. — _____
 — Он обсуждал этот вопрос **с коллегами**.

2. — _____
 — В этот документ необходимо внести **некоторые** изменения.

3. — _____
 — Вас **кто-то** спрашивал сегодня.

4. — _____
 — Она мне посоветовала **никому об этом не говорить**.

5. — _____
 — Да, они ездили отдыхать **к морю**.

6. — _____
 — Да, он был в Америке **два года назад**.

7. — _____
 — Да, он работает **в зоопарке**.

**2** Complete the dialogue according to the model.

Example: — Ко мне кто-нибудь приходил?
 — Да, к тебе приходила какая-то девушка.

1. — Мне что-нибудь оставляли? Записку? Документы?
 — _____

2. — Мне кто-нибудь звонил?
 — _____

3. — Она что-нибудь купила?
 — _____

4. — Какие-нибудь магазины работают ночью?
 — _____

**3** Complete the sentences using the adverbs and pronouns with the particles *-то* and *-нибудь*.

1. _____Кто-то_____ забыл в вагоне сумку.
2. — Коллеги, _____кто-нибудь_____ знает, где находится галерея «XX век»?
 — Мне кажется, _____где-то_____ в районе метро «Арбатская».
3. — Вы видели ~~что~~ _каки-нибудь_ фильмы Рязанова?
 — Мне кажется, _____ его фильм я смотрел.
4. Я хотел бы сделать ему _____ подарок.
5. — Он ~~(кто-то)~~ _кому-то_ рассказывал об этом?
 — Да, он _____что-то_____ говорил, но я слушала невнимательно.

❖ **Кóе-**

When an indefinite pronoun with **кóе-** is used with a preposition, then the particle, the preposition and the pronoun are written in three separate words. The preposition is placed in between the particle and the pronoun:

> **кóе у когó** (at someone's)
> **кóе для чегó** (for something)

> *Я бы на твоём мéсте побеcéдовал кóе с кем из нóвых сотрýдников.*
> If I were you, I would've talked with some of the new employees.

- In different contexts, the words with **кóе-** can mean:
  **кое-ктó** — somebody, some people
  **кое-гдé** — here and there; someplace, in some areas
  **кое-какúе** — some; one or two, a couple of, etc.

  > — *Ты всем сказáл о собрáнии?*
  > — Have you told everyone about the meeting?
  > — *Нет, надо ещё кое-комý позвонúть.*
  > — No, I still need to call some more people.
  > *Кое-гдé в Москвé ещё мóжно увúдеть деревянные домá.*
  > In some areas of Moscow, one can still see wooden buildings.
  > *Кое-какúе ошúбки я испрáвила, но не все.*
  > I've corrected some of the mistakes, but not all.

- **Кое-кáк** is used in colloquial speech and means:
  — sloppily, inattentively, carelessly
  > *Онú рабóтают кое-кáк.*
  > They work sloppily.

  — with difficulty, **кое-как** = **еле-еле**
  > *Суп был такóй невкýсный, я кое-кáк доéла егó.*
  > The soup wasn't tasty at all, I could barely finish it.

❖ **Как-нибýдь, кáк-то**

- **Как-нибýдь** is mostly used when the conversation refers to the future and means:
  — one of these days
  > *Я зайдý к тебé как-нибýдь.*
  > I'll stop by you one of these days.
  — "one way or another"
  > — *Как ты бýдешь сдавáть экзáмен? Ты же не готóв.*
  > — How are you going to pass the exam? You are not ready at all.
  > — *Сдам как-нибýдь.*
  > — I shall pass it one way or another.

- **Кáк-то (раз)** = однáжды (once)

  > *Кáк-то раз он позвонúл и приглаcúл меня на футбóл.*
  > Once he called to invite me to a football game.

**Compare:** **кáк-то** and **когдá-то**
> **Когдá-то** means that the event took place a long time ago.

> *Я когдá-то смотрéл этот фильм.*
> I saw this film long ago.

**Expression of uncertainty** — **УПРАЖНЕНИЯ**

## 4  Use the words in brackets in the correct form.

1. Мне нужно с тобой _____ поговорить. (кое-что)
2. В целом это правильно, но _____ я не согласен. (кое-что)
3. — Ты пойдёшь на этот приём?
   — Да, мне надо там _____ встретиться. (кое-кто)
4. — У всех русских есть дача?
   — Нет, _____ нет. (кое-кто)
5. Я хочу тебе _____ сказать по секрету. (кое-что)
6. — Для тебя это новость?
   — Для меня — нет, но _____ это будет сюрпризом. (кое-кто)
7. — Где ты была вечером?
   — Бегала в магазин, нужно было купить _____ вещи. (кое-какие)

## 5  Compete the sentences with the words *кое-как, как-нибудь, как-то (раз)*.

1. — Говорят, в кафе «Маргарита» очень приятная атмосфера. Давай _____ сходим туда.
   — С удовольствием. Я _____ уже был там, и мне понравилось.
2. По телевизору _____ показывали театр кошек.
3. — Ты знаешь испанский?
   — Могу _____ объясниться, но грамматику знаю плохо.
4. Извини, мне пора. Созвонимся _____
5. Готовит она _____, зато прекрасно вяжет.
6. Надеюсь, мы сможем _____ решить эту проблему.
7. Он _____ доучился до третьего курса университета.
8. — Ты давно видела Ирину?
   — Мы _____ случайно встретились в метро. Это было неделю назад.
   — Надо будет _____ ей позвонить.

## 6  Transform the sentences by using indefinite adverbs.

*Example:* Я был здесь <u>давно, точно даже не помню, когда</u>.
   Я был здесь **когда-то**.

1. Я <u>однажды</u> была на выставке цветов.
   _____

2. Смотри, <u>в некоторых местах</u> снег уже растаял.
   _____

3. Чемодан был очень тяжёлый, я <u>еле-еле</u> дотащила его до метро.
   _____

4. <u>В давние времена</u> Киев был столицей Руси.
   _____

❖ **Один, одна́, одно́, одни́**
can be used to refer to an unidentified person or object.

*Я вчера́ говори́л о твое́й пробле́ме с одно́й мое́й знако́мой.*
Yesterday, I spoke about your problem with one of my acquaintances.

**Compare:** *У неё оди́н ребёнок.*
She has one child.

*Мы живём в одно́м до́ме.*
We live in the same building.

*Она́ живёт одна́.*
She lives alone.

*Я сде́лаю э́то оди́н, без твое́й по́мощи.*
I'll do it alone, without your help.

*Я смотре́л неда́вно оди́н фильм, там полице́йского игра́л Аль Па́чи́но.*
Recently I watched a film, Al Pacino played a policeman there.

**Expression of uncertainty** **УПРАЖНЕНИЯ**

## 7 Read the sentences, determine the meaning of the word *один*.

1. Один философ сказал, что «всякий есть, что он ест».
2. Я в одном журнале видела фотографию инопланетянина.
3. Он любил ходить в оперу один.
4. — Хочешь конфет?
   — Дай одну попробовать.
5. — У тебя есть зимние сапоги?
   — Да, но я хочу купить ещё одни.
6. — Ты живёшь с родителями?
   — Нет, я живу одна.
7. — Где ты была в выходные?
   — За городом. Мне в пятницу позвонил один приятель и пригласил к себе на дачу.

## 8 Translate the sentences into Russian.

1. There is one white rose in a vase.

2. A friend lent me money to buy a computer.

3. You and I are here alone.

## 9 Make up dialogues that could occur in the following situations.

а) Вы предлагаете друзьям поехать в воскресенье за город (всё равно куда), а они предлагают пойти в кино на любой фильм.

б) Вас не было в офисе 2 часа. Вернувшись, спросите у секретарши, звонили ли вам в это время (вам звонили, просили передать небольшую информацию, другой звонивший не представился).

в) Подруга приглашает вас вечером пойти в кафе, бар или, может быть, в кино (ей всё равно). Вы отказываетесь, потому что вам нужно сделать несколько дел ( вы не уточняете что), съездить в несколько мест ( вы не уточняете куда), встретиться с людьми (вы не говорите с кем).

# 36 МНОГО, МНОГИЕ, НЕСКОЛЬКО, НЕКОТОРЫЕ

> У Ма́рка мно́го друзе́й, и мно́гие его́ друзья́ лю́бят игра́ть в гольф.
> Mark has many friends, and many of his friends like to play golf.
> В «До́ме кни́ги» О́льга купи́ла не́сколько книг: не́которые кни́ги на англи́йском,
> а остальны́е — на ру́сском языке́.
> In "Dom Knigi" Olga bought several books: some books were in English, and the rest in Russian.

❖ **МНО́ГО** (many) + **Gen. pl.** — large indefinite quantity:
мно́го вопро́сов (many questions), мно́го дете́й (many children), мно́го раз (many times)

**НЕМНО́ГО** (some, a little, few = not much) + **Gen. pl.** — small indefinite quantity:
немно́го люде́й (few people), немно́го де́нег (little money)

**НЕ́СКОЛЬКО** (some, a few = several) + **Gen. pl.** — small and indefinite quantity of objects (or people), typically not more than 10:

не́сколько журна́лов (several magazines), не́сколько челове́к (several people)

**Не́сколько** cannot be used with uncountable nouns: лю́ди (people), хлеб (bread), мя́со (meat), вода́ (water), пи́во (beer), вино́ (wine), etc.
With such nouns we use the word **немно́го**: немно́го люде́й (few persons),
or expressions of the type: «не́сколько кусо́чков хле́ба» (several pieces of bread).

💧 For the nouns which are not used in plural

**МНО́ГО + Gen. sing.**

мно́го вре́мени (much time), мно́го воды́ (much water), etc.

❖ **МНО́ГИЕ** (many) + **noun in plural**

**Мно́гие** means "many, but not all" and does not necessarily refer to majority:

Мно́гие лю́ди лю́бят живо́тных.
Many people like animals.

**НЕМНО́ГИЕ** (few) + **noun in plural**

Немно́гие лю́ди спосо́бны на тако́е.
Few people are capable of this.

**Compare:** В Москве́ рабо́тает **мно́го** иностра́нных журнали́стов.
There are many foreign journalists working in Moscow.
**Мно́гие** из них отли́чно говоря́т по-ру́сски.
Many of them speak excellent Russian.

**Много, многие, несколько, некоторые** — **УПРАЖНЕНИЯ**

**1** **Insert the words *много* or *многие* and the words in brackets in the appropriate form.**

*Example:* Группа туристов посетила Москву и _____ (другие города России).

Группа туристов посетила Москву и многие другие города России.

1. В пятницу я купил _____ (продукты), думаю, их мне хватит на неделю.

2. — Сколько музеев в Москве?

   — Точно не знаю, в Москве _____ (музей).

3. — Ты не знаешь, когда в Третьяковке выходной день?

   — Наверное, в понедельник. _____ (музей) закрыты в понедельник.

4. На это я потратил _____ (время).

5. В этом году я уже _____ (раз) была в театре.

6. — Вы знаете всех своих коллег?

   — Нет, не всех. В последнее время у нас появилось _____
   _____(новые сотрудники).

7. _____ думают, что в России всегда холодно.

8. Я очень люблю песни Окуджавы. _____ из них я знаю с детства.

**2** **Make up sentences with the following expressions.**

*Example:* (много, лёд) Он положил в стакан с соком много льда.

1. (много, дело) _____

2. (немного, вода) _____

3. (немного, хлеб) _____

4. (немного, улица) _____

5. (немного, вино) _____

6. (много, работа) _____

7. (немного, время) _____

8. (много, масло) _____

9. (много, раз) _____

10. (немного, люди) _____

169

❖ **НЕ́КОТОРЫЕ** (some) + **noun, usually in plural**

*Не́которые фи́льмы на фестива́ле шли без перево́да.*
Some films at the festival were shown in the original language (lit.: without translation).

**Не́который** can be used with nouns that don't have a plural form:
*не́которое вре́мя наза́д* (some time ago), *не́которая часть пути́* (certain part of the way), etc.

**Мно́гие, немно́гие** and **не́которые** can be used without nouns.

Мно́гие лю́бят о́перу.
Many [people] enjoy opera.

*Не́которые мой колле́ги прово́дят о́тпуск на мо́ре, а не́которые — в гора́х.*
Some of my colleagues spend their holidays at the sea, and some go to the mountains.

The words **мно́гие** and **не́которые** are often used in the following constructions:

**мно́гие из** + Gen. pl.                **не́которые из** + Gen. pl.

*Я о́чень люблю́ стихи́ Пу́шкина, мно́гие из них я зна́ю наизу́сть.*
I love Pushkin's poems very much, and know many of them by heart.

*Не́которые из мои́х друзе́й не лю́бят отдыха́ть за грани́цей.*
Some of my friends don't like to go on holidays abroad.

**Много, многие, несколько, некоторые** — **УПРАЖНЕНИЯ**

**3** Insert the words *несколько* or *некоторые* and the words in brackets in the appropriate form.

*Example:* В этой фирме работает _____ (французские специалисты).
_____ французы изучают русский язык.
В этой фирме работает несколько французских специалистов.
Некоторые французы изучают русский язык.

1. Марк знает_____(русские песни). _____ из них он перевёл на французский язык.

2. На кинофестивале я видел семь японских фильмов, и _____ мне очень понравились.

3. В тексте он сделал _____ (ошибки), но _____ (ошибки) сумел заметить и исправить.

4. _____ из русских писателей популярны в Европе, например, Толстой и Достоевский.

5. _____ (время) они жили в Эфиопии.

6. Нам нужно купить _____ (компакт-диск) в подарок.

7. _____считают, что классическая музыка — это скучно.

8. Через _____ (минута) вы увидите вторую серию фильма.

9. В Москве есть _____ (пляж), но, к сожалению, этим летом _____ из них были закрыты.

10. Я неплохо знаю французский язык, но никак не могу запомнить как пишутся _____ _____(французские слова).

**4** Answer the questions using the words *много, многие, несколько, некоторые*.

1. Вам нравятся картины Сезанна?
   _____

2. У вас дома есть русские книги?
   _____

3. Вы видели русские фильмы?
   _____

4. У вас есть знакомые в России?
   _____

5. У всех ваших друзей есть машины?
   _____

6. Вы были во всех европейских странах?
   _____

❖ **Мно́го, немно́го, не́сколько** (in Nom. or in Acc. = Nom.) + **Gen. pl.**,
in other cases they decline as adjectives and agree in case with the noun they qualify.

*Я прочита́л не́сколько пи́сем.*
I've read several letters.
*Мы столкну́лись со мно́гими пробле́мами.*
We encountered many problems.

**Мно́гие, немно́гие, не́которые** are declined as adjectives and agree in case with the noun they qualify.

*Я люблю́ карти́ны мно́гих францу́зских худо́жников.*
I like paintings by many French artists.

*Журнали́ст взял интервью́ у не́которых чле́нов прави́тельства.*
The journalist interviewed several members of the government.

### In the present or future tense

**не́сколько** + **Gen. pl.** + verb in sing. or verb in pl.
**мно́го** + **Gen. pl.** + verb in sing.

*У меня́ на столе́ **лежи́т (лежа́т)** не́сколько фотогра́фий.*
There are several photographs lying on my desk.

*В сле́дующем году́ мно́го тури́стов **посети́т** Москву́.*
Next year many tourists will visit Moscow.

### In the past tense

**мно́го** + verb in neuter form
**не́сколько** + verb in neuter form or plural

*У него́ **бы́ло** мно́го друзе́й.*
He had many friends.

*Не́сколько мои́х друзе́й **жило́ (жи́ли)** в Аме́рике.*
Several of my friends live in America.

## Много, многие, несколько, некоторые — УПРАЖНЕНИЯ

**5** Insert the words *много, немного, многие, немногие, несколько, некоторые* in the appropriate form. Where possible, give variants.

*Example:* У меня есть _____ друзей. Телефоны _____ друзей я помню наизусть.
У меня есть **много** друзей. Телефоны **некоторых** друзей я помню наизусть.

1. Вернувшись из командировки, коллега рассказал _____ интересного: особенно нас заинтересовала информация о _____ новых разработках _____ конкурирующих фирм.
2. Я видела _____ картин этого художника. _____ картины мне нравятся, _____ картин, три или четыре, я бы даже хотела купить. Говорят, что этот художник одновременно работает над _____ полотнами.
3. Менеджер побеседовал с _____ клиентами и составил _____ писем.
4. О _____ своих проблемах я не говорю даже с друзьями.
5. _____ альпинисты пытались покорить Джомолунгму, но лишь _____ из них удалось дойти до вершины.
6. Не покупай _____ хлеба: он быстро черствеет. Купи _____ булочек.
7. Нужно сообщить о собрании _____ вашим сотрудникам.
8. Анна прочитала _____ книг Франсуазы Саган, и _____ из них она читала в оригинале.
9. Я получила новогодние поздравления от _____ моих друзей и знакомых.
10. _____ знают об этом.
11. _____ думают, что русский язык трудный.

**6** Insert the words in brackets in the appropriate form. Where possible, give variants.

*Example:* Вчера мне _____ (звонить) много людей.
Вчера мне звонило много людей.

1. В портфеле _____ (лежать) много документов.
2. Вчера по электронной почте _____ (прийти) несколько писем.
3. В следующую субботу у меня на дне рождения _____ (быть) много гостей.
4. Завтра на занятия _____ (прийти) несколько новых студентов. Некоторые из них совсем недавно _____ (начать) изучать русский язык.
5. В ботаническом саду _____ (расти) много экзотических растений.
6. В офисе даже по субботам _____ (работать) несколько человек.
7. Многие спортсмены _____ (становиться) хорошими тренерами.
8. Вчера в концерте _____ (участвовать) много известных артистов.

# 37  DIFFERENT TYPES OF THE IMPERATIVE*

> *Пусть он мне позвони́т.*
> Let him call me.
> *Дава́йте пое́дем в Петербу́рг.*
> Let's go to Petersburg.

❖ If a request, order or permission are intended for a third person, the following construction is used:

**пусть (пуска́й)** + the verb in the third person in present or simple future tense

— *Купи́ть что-нибу́дь для пикника́?*
— Shall I buy anything for the picnic?
— *Пусть (пуска́й) Серге́й ку́пит мя́со, а мы с тобо́й всё остально́е.*
— Let Sergei buy the meat, while you and I get all the rest.

— *Андре́й и О́льга хотя́т пое́хать на юг.*
— Andrei and Olga want to go to the south.
— *Пусть (пуска́й) е́дут.*
— Let them go.

***Пуска́й*** is more typical in colloquial Russian.

❖ If the speaker invites someone to participate in an action together, the following construction is used:

**дава́й (дава́йте)** + an infinitive of an imperfective verb or
a perfective verb in the future tense (1st person, pl.)

• While talking about repetitive actions or an incentive to begin a process, the **infinitive** is used.

*Дава́йте говори́ть друг дру́гу комплиме́нты.* (Б. Окуджава)
Let's give complements to each other.

*Дава́йте ходи́ть пешко́м.*   *Дава́йте ждать.*
Let's walk.                  Let's wait.

💧 We can only use the infinitives of the verbs of motion from the second group (**ходи́ть, лета́ть, е́здить,** etc.).

**Don't say:**           **Say:**
*Дава́йте идти́ пешко́м.*   *Дава́йте ходи́ть пешко́м.*
                         Let's walk.

• While talking about a single action, the future tense is used.

*Дава́йте ска́жем пра́вду.*   *Дава́й пойдём в кафе́.*
Let's tell the truth.       Let's go to a cafe.

---
*See "A Living Russian Grammar", part I, p. 68.

## Different types of the imperative — УПРАЖНЕНИЯ

**1. Explain why you cannot (or don't want to) do something, and suggest that someone else should do it instead.**

*Example:* Вы не хотите готовить ужин. (Саша)

Я не хочу готовить ужин, потому что устала. Пусть Саша приготовит.

1. Вы не хотите звонить в турагентство. (Наташа).
   *Я не хочу звонить в турагентство потому что я занят. Пусть наташа позвонить*

2. Вы не можете купить билеты на поезд. (Сергей)

3. Вы не можете зайти за фотографиями. (Ольга)

4. Вы не можете купить продукты. (Виктор)

5. Вы не хотите покупать цветы коллеге. (Олег)

6. Вы не хотите убирать квартиру. (Галя)
   *Пусть галя уберёт*

**2. Invite your friend or a group of friends to do smth. together.**

*Example:* Приготовить пиццу —
Давай(те) приготовим пиццу.

1. Поехать в Новгород — *Давайте поедем в Новгород*
2. Позвонить Коле —
3. Пригласить Галю в ресторан —
4. Ходить в бассейн —
5. Говорить только по-русски —
6. Пойти в Большой театр —
7. Вернуться завтра —
8. Бегать по утрам —

- While suggesting not to do something, use:

    **давáйте не бýдем** + an infinitive of an imperfective verb

    *Давáйте не бýдем спешúть.*
    Let's not hurry.

**But:** in this case it is possible to use the perfective verbs «*пойтú*», «*поéхать*», «*полетéть*», etc.

   *Давáйте не пойдём на пляж.*
   Let's not go to the beach.

💣 Combinations of two verbs in the same form are typical in colloquial speech.

   *Пойдём поедúм.*            *Поéдем посмóтрим, где он живёт.*
   Let's go to get something to eat.    Let's go see where he lives.

   ❖ If the speaker is offering his/her services, the following constructions are used:

   *Давáйте мы вам покáжем Москвý.*
   Let us show Moscow to you.

   *Давáй я куплю́ хлеб.*
   Let me buy bread.

   *Давáйте я бýду покупáть вам продýкты.*
   Let me buy your groceries. (on a continuous basis)

In colloquial Russian **дай (дáйте)** is also used.

   *Дай я тебé помогý.*
   Let me help you.

   *Дáйте я запишý его áдрес.*
   Let me write down his address.

In all these cases only the future tense is used.

# Different types of the imperative

УПРАЖНЕНИЯ

**3  What are you offering to your friend or a colleague?**
*Example:* У вас обеденный перерыв. — Пойдём пообедаем.

1. Вам нужно купить общий подарок Тане. — _____

2. Вы хотите курить. — _____

3. Вы хотите купить билеты на кинофестиваль. — _____

4. Вы хотите уточнить какую-то информацию о Наташе. — _____

**4  Offer your services.**
*Example:* Надо заказать гостиницу.
Давайте я закажу.

1. Надо позвонить Анне.

2. У меня очень тяжёлая сумка.

3. У меня нет времени помыть посуду.

4. Я очень устала, а мне ещё надо отнести обувь в ремонт.

5. Я не знаю, как объяснить ему это.

6. Я не могу найти в справочнике адрес аптеки.

**5  Respond to your conversation partner following the model.**
*Example:* — Давайте обсудим эту проблему.
— Давайте не будем обсуждать эту проблему.

1. — Давайте посмотрим новости.
   — _____

2. — Давайте расскажем ему о том, что случилось.
   — _____

3. — Давайте пригласим Анну в гости.
   — _____

4. — Давайте купим Антону цветы.
   — _____

5. — Давайте закажем гостиницу по Интернету.
   — _____

# Tables

## DECLENSION OF NUMERALS

|   | m | n | f |
|---|---|---|---|
| N | оди́н но́вый студе́нт | одно́ но́вое сло́во | одна́ но́вая студе́нтка |
| G | одного́ но́вого студе́нта/сло́ва | | одно́й но́вой студе́нтки |
| D | одному́ но́вому студе́нту/сло́ву | | одно́й но́вой студе́нтке |
| A | одного́ но́вого студе́нта | одно́ но́вое сло́во | одну́ но́вую студе́нтку |
| I | одни́м но́вым студе́нтом/сло́вом | | одно́й но́вой студе́нткой |
| P | об одно́м но́вом студе́нте/сло́ве | | об одно́й но́вой студе́нтке |

|   | Pl |
|---|---|
| N | одни́ но́вые часы́ |
| G | одни́х но́вых часо́в |
| D | одни́м но́вым часа́м |
| A | одни́ но́вые часы́ |
| I | одни́ми но́выми часа́ми |
| P | об одни́х но́вых часа́х |

|   | -дцать (11 – 20, 30) | -десят (50, 60, 70, 80) |
|---|---|---|
| N | двена́дцать | се́мьдесят |
| G | двена́дцати | семи́десяти |
| D | двена́дцати | семи́десяти |
| A | двена́дцать | се́мьдесят |
| I | двена́дцатью | семью́десятью |
| P | двена́дцати | семи́десяти |

|   | две́сти | три́ста | четы́реста | in-сот (500, 600, 700, 800, 900) |
|---|---|---|---|---|
| N | две́сти | три́ста | четы́реста | пятьсо́т |
| G | двухсо́т | трёхсо́т | четырёхсо́т | пятисо́т |
| D | двумста́м | трёмста́м | четырёмста́м | пятиста́м |
| A | две́сти | три́ста | четы́реста | пятьсо́т |
| I | двумяста́ми | тремяста́ми | четырьмяста́ми | пятьюста́ми |
| P | двухста́х | трёхста́х | четырёхста́х | пятиста́х |

| N, A | полтора́ (m.), полторы́ (f.) |
|---|---|
| G, D, I, P | полу́тора |

| N | ты́сяча три́ста пятьдеся́т четы́ре страни́цы |
|---|---|
| G | ты́сячи трёхсо́т пяти́десяти четырёх страни́ц |
| D | ты́сяче трёмста́м пяти́десяти четырём страни́цам |
| A | ты́сячу три́ста пятьдеся́т четы́ре страни́цы |
| I | ты́сячей (ты́сячью) тремя́ста́ми пятью́десятью четырьмя́ страни́цами |
| P | ты́сяче трёхста́х пяти́десяти четырёх страни́цах |

## COLLECTIVE NUMERALS

|   | soft declension | hard declension* |
|---|---|---|
| N | дво́е, тро́е | че́тверо |
| G | двои́х, трои́х | четверы́х |
| D | двои́м, трои́м | четверы́м |
| A | inanim. = N., anim. = G. | |
| I | двои́ми, трои́ми | четверы́ми |
| P | о двои́х, трои́х | о четверы́х |

*the words *двое, трое* fall into the soft type of declension, the rest — into the hard one.

## ОБА, ОБЕ

|   | m and n | f |
|---|---|---|
| N | о́ба | о́бе |
| G | обо́их | обе́их |
| D | обо́им | обе́им |
| A | inanim. = N., anim. = G. | |
| I | обо́ими | обе́ими |
| P | обо́их | обе́их |

## Tables

### DECLENSION OF POSSESSIVE ADJECTIVES

|   | m | n | f | pl |
|---|---|---|---|---|
| N | ма́мин | ма́мино | ма́мина | ма́мины |
| G | ма́миного | | ма́миной | ма́миных |
| D | ма́миному | | ма́миной | ма́миным |
| A | ма́мин/ма́миного | ма́мино | ма́мину | ма́мины/ма́миных |
| I | ма́миным | | ма́миной | ма́миными |
| P | (о) ма́мином | | (о) ма́миной | (о) ма́миных |

|   | m | n | f | pl |
|---|---|---|---|---|
| N | отцо́в | отцо́во | отцо́ва | отцо́вы |
| G | отцо́ва | | отцо́вой | отцо́вых |
| D | отцо́ву | | отцо́вой | отцо́вым |
| A | отцо́в/отцо́ва | отцо́во | отцо́ву | отцо́вы/отцо́вых |
| I | с отцо́вым | | с отцо́вой | отцо́выми |
| P | (об) отцо́вом | | (об) отцо́вой | отцо́вых |

|   | m | f | pl |
|---|---|---|---|
| N | Ивано́в | Ивано́ва | Ивано́вы |
| G | Ивано́ва | Ивано́вой | Ивано́вых |
| D | Ивано́ву | Ивано́вой | Ивано́вым |
| A | Ивано́ва | Ивано́ву | Ивано́вых |
| I | с Ивано́вым | с Ивано́вой | с Ивано́выми |
| P | об Ивано́ве | об Ивано́вой | об Ивано́вых |

💧 *Его́ де́тство свя́зано с Росто́вом.*
His childhood is connected to Rostov.
*Он разгова́ривал с Пе́тей Росто́вым.*
He was talking to Petya Rostov

|   | m | n | f | pl |
|---|---|---|---|---|
| N | ко́зий | ко́зье | ко́зья | ко́зьи |
| G | ко́зьего | | ко́зьей | ко́зьих |
| D | ко́зьему | | ко́зьей | ко́зьим |
| A | ко́зий | ко́зье | ко́зью | ко́зьи/ко́зьих |
| I | ко́зьим | | ко́зьей | ко́зьими |
| P | (о) ко́зьем | | (о) ко́зьей | (о) ко́зьих |

## DECLENSION OF PRONOUNS

|   | sing | | | | pl | |
|---|---|---|---|---|---|---|
|   | m and n | | f | | | |
| N | сам (m.) само́ (n.) | са́мый (m.) са́мое (n.) | сама́ | са́мая | са́ми | са́мые |
| G | самого́ | са́мого | само́й | са́мой | сами́х | са́мых |
| D | самому́ | са́мому | само́й | са́мой | сами́м | са́мым |
| A inanimate | сам (m.) само́ (n.) | са́мый (m.) са́мое (n.) | саму́ | са́мую | са́ми | са́мые |
| animate | самого́ (m.) | са́мого (m.) | | | сами́х | са́мых |
| I | сами́м | са́мым | само́й | са́мой | сами́ми | са́мыми |
| P | само́м | са́мом | само́й | са́мой | сами́х | са́мых |

Pay attention to the differences in the location of stress in the forms of the pronouns *сам* and *са́мый*.

### МНОГО, НЕСКОЛЬКО

| N | мно́го, не́сколько книг |
|---|---|
| G | мно́гих, не́скольких книг |
| D | мно́гим, не́скольким книгам |
| A = N | мно́го, не́сколько книг |
| I | мно́гими, не́сколькими кни́гами |
| P | (во) мно́гих, не́скольких кни́гах |

# English index

## A

Accusative ................................... 6, 15

Adjectives
   — agreement of numerals,
      nouns and adjectives ............... 22, 23
   — short adjectives ................ 14, 15 144
   — long adjectives or short
      adjectives? ..................................... 144
   — possessive adjectives ............... 18, 20
   — substantive adjectives .............. 10, 12

Adverbs of place ............................. 158

Agent ............................................. 110

Agreement of numerals,
nouns and adjectives ..................... 22, 23

## C

Cause ..................................... 102, 126
   — favourable cause ........................ 126
   — unfavourable cause ..................... 126

Comparison ..................... 134, 136, 138

Concession .............................. 130, 132

Condition ................................. 102, 128

## D

Dative .............................................. 14

Declension
   — of possessive adjectives ........ 180, 181
   — of numerals and
      compound numerals ....26, 28, 178, 179
   — of collective numerals ................... 179
   — «много», «несколько» ................... 181
   — «оба», «обе» ................................ 179
   — «один» («одна») ........................... 178
   — «полтора» .................................... 179
   — «сам», «самый» ........................... 181

## F

Fractions .................................... 30, 32

## G

Genetive ................................... 6, 8, 14
   — Gen. or Acc.? ............................. 6, 8
   — partitive Genitive

Gerund
   — imperfective ................................... 96
   — perfective ...................................... 96
   — gerundial constructions ......... 102, 104.

Grammatical subject .......................... 102

## I

Imperative
   — different types
      of the imperative ................. 174, 176
   — verb aspects
      in the imperative ..................... 56, 58

Indefinite adverbs ...................... 162, 164

Indefinite pronouns ............ 162, 164, 166

Indefinite quantity ..................... 168, 172

Infinitive
   — to express purpose ...................... 122
   — verb aspects in the infinitive ...50, 52, 54

Instrumental ............................... 15, 138

## N

Negation
   — Acc. or Gen.? ............................. 6, 8
   — imperative with negation ................. 58
   — negation and verb aspect ...... 48, 52, 58
   — general negation .......................... 150
   — partial negation .................... 150, 152

Numerals
   — collective numerals ......... 34, 35, 38, 40
   — compound numerals .................. 26, 28

## P

Participle
   — present active participle ........ 78, 82, 83
   — past active participle ............ 78, 82, 83
   — present passive participle ........... 78, 86
   — past passive participle ...... 78, 86, 87 90
   — short form of the passive
      participle ....................... 79, 90, 107
   — substantive participles ..................... 10
   — participial constructions ............. 92, 94
   — transformation
      of participial constructions ........ 83, 94

Passive voice .................. 106, 107, 110
  — active constructions ............... 106, 110
  — passive constructions ...... 106, 107, 110
Prepositional ........................................ 15
Prohibited or impossible? ..................... 54
Purpose ............................................... 122

## S

Same or similar? ................... 140, 141, 144
Set expressions
  — with comparison .......................... 136
  — with possessive adjectives ............... 20

## T

Time .............. 104, 112, 114, 116, 118, 120
  — approximate time ......................... 116
  — in colloquial speech ....... 112, 114, 116
  — time and date .............................. 116

## V

Verb aspect
  — in the imperative ....................... 56, 58
  — in the infinitive .................... 50, 52, 54
  — in the past tense ....................... 46, 48
  — with «не» ........................... 48, 52, 58
  — with «нельзя» ................................ 54
Verbs of motion
  — transitive verbs with prefixes ...... 60, 62
  — with prefixes without spatial meaning
    (по-, про-, с-, за-, из-) ......... 64, 66, 68
  — with prefixes in figurative
    meaning ............................ 71, 74, 75
  — without prefixes in figurative
    meaning ................................. 70, 71

# Russian index

## А
а также ............................................. 148

## Б
без ................................................... 128
благодаря ........................................ 126
будто (бы) ....................................... 134

## В
в ...................................................... 156
в отличие от ................................... 138
в случае ........................................... 128
в случае, если ................................. 128
в том случае, если .......................... 128
в течение ......................................... 120
во время .......................................... 118
во избежание .................................. 124
во имя ............................................. 124
во сколько? ............................. 114, 116
вдвое ................................................. 38
вдвоём .............................................. 38
вечер ............................................... 114
возле ............................................... 156
вопреки ........................................... 130
вопреки тому, что .......................... 132
время и дата ................................... 116
вроде .............................................. 138
всё же ............................................. 130
всё равно ........................................ 130
всё-таки .......................................... 130
втрое ................................................. 38
втроём .............................................. 38
вчетвером ........................................ 38

## Г
где? ........................................ 156, 158, 160

## Д
давай(те) ................................. 174, 176
дай(те) ............................................ 176
двое ........................................... 34, 35
день ................................................ 114
для ........................................... 122, 124

## З
за .............................................. 122, 156
за ... до ............................................ 118

## И
и ........................................................ 44
из .............................................. 126, 156
из-за ......................................... 126, 156
из-под ............................................. 156
и тот, и другой (и та, и другая ...) ........ 40

## К
к ............................................... 120, 156
как ................................................... 134
как будто (бы) ................................ 134
как бы ............................................. 134
как если бы .................................... 134
как-нибудь ..................................... 164
как-то раз ....................................... 164
когда-то .......................................... 164
кое- ......................................... 162, 164
кое-как ........................................... 164
который час? .......................... 112, 116
куда? ...................................... 156, 158, 160

## Л
-либо .............................................. 162

## М
многие ................................. 168, 170, 172
много ....................................... 168, 172

## Н
на ................................................... 156
накануне ........................................ 118
наподобие ...................................... 138
не ......................... 48, 52, 58, 150, 152, 154
не + виды ......................... 48, 52, 58
не только, но и ............................. 152
невзирая на то, что ....................... 132
независимо от ............................... 130
независимо от того, что ............... 132
некоторые .............................. 170, 172
нельзя ............................................... 54

## Russian index

несколько .................................. 168, 172
несмотря на .................................. 130
несмотря на то, что .................................. 132
нет .................................. 150, 154
ни .................................. 152, 154
ни ... ни .................................. 152
-нибудь .................................. 162, 164
ночь .................................. 114

## О
оба .................................. 40
обе .................................. 40
один (одна, одно, одни) ........ 22, 141, 166
один и тот же (одна и та же) .................................. 144
одинаково .................................. 144
одинаковый .................................. 144
около .................................. 156
от .................................. 124, 126, 153
откуда? .................................. 156, 158, 160

## П
по .................................. 126
по сравнению с .................................. 138
под .................................. 156
при .................................. 120
при всей/всём .................................. 130
при условии .................................. 128
при условии, что .................................. 128
при том условии, что .................................. 128
при том, что .................................. 132
подобно .................................. 138
полтора .................................. 28, 32
пускай .................................. 132, 174
пусть .................................. 132, 174

## Р
ради .................................. 124

## С
с .................................. 156
с ... до .................................. 120
с ... по .................................. 120
с целью (в целях) .................................. 124
сам (сама, само, сами) .................................. 42, 44
сам себя (себе, с собой) .................................. 42, 44
самый .................................. 44

сколько времени? .................................. 112, 116
словно .................................. 134
спустя .................................. 118
спустя ... после .................................. 118
столько же .................................. 144
сюда же .................................. 144

## Т
так же .................................. 144
также .................................. 146, 148
такой (такая, такое, такие) .................................. 141
такой (такая, такое, такие) же ..... 141, 144
такой же или так же? .................................. 144
там же .................................. 144
тем не менее .................................. 130
типа .................................. 138
-то .................................. 162, 164
тогда же .................................. 144
тоже .................................. 146
тот (та, то, те) же .................................. 140
тот же самый (та же самая...) .................................. 140
тот самый (та самая...) .................................. 44
точно .................................. 134
трое .................................. 34, 35
туда же .................................. 144
тут же .................................. 144

## У
у .................................. 156
утро .................................. 114

## Х
хоть .................................. 130, 132
хотя .................................. 130, 132

## Ч
час .................................. 114, 116
чем .................................. 138
чем ... тем .................................. 138
через ... после .................................. 118
четверо .................................. 34, 35
четверть .................................. 32
чтобы .................................. 122

## Э
этот самый (эта самая...) .................................. 44

# A Living Russian Grammar

## Part II

Key

**INTERMEDIATE II**

## Unit 1

### pages 6-9

#### ACCUSATIVE OR GENITIVE?

1 — Я не помню его телефона.
2 — Я не помню названия ресторана.
3 — Я не знаю расписания поездов на Петербург.
4 — Я не помню этой встречи.
5 — Я не знаю её имени.
6 — Я не видел Машу.
7 — Я не знаю номера автобуса.
8 — Я не видела твоей сумки.
9 — Я не помню вашу сестру.

1 — Я не купила никаких фруктов.
2 — Я не купил ни водки, ни коньяка.
3 — Я не знаю никакой Наташи.
4 — Я не брал ничьей газеты.

❸

1 — понимания.           4 — неприятностей?
2 — совета.              5 — карандаш.
3 — успеха.              6 — справедливости.

❹

1 — ответа.
2 — автобус (автобуса).
3 — звонка.

❺

1 — Я хочу сока. А ты?
2 — Я бы выпила минеральной воды.
3 — Ты хочешь мороженого?
4 — Я не хочу сладкого. Я возьму фисташек.
5 — А я возьму ещё горячего шоколада.

## Unit 2

### pages 10-13

#### SUBSTANTIVE ADJECTIVES AND PARTICIPLES

❶

1 — Курящий (некурящий) — от причастия.
2 — Учёный — от причастия.
3 — Новое, старое — от прилагательных.
4 — Первое, второе, третье — от числительных.
5 — Шампанское — от прилагательного.

❷

1 — Знакомый — человек, которого вы знаете.
2 — Рабочий — человек, который работает на заводе или фабрике.
3 — Учёный — человек, который занимается наукой (научными исследованиями).
4 — Военный — человек, который служит в армии.
5 — Безработный — человек, у которого нет работы.
6 — Взрослый — человек старше 18 лет.
7 — Заключённый — человек, который сидит в тюрьме.
8 — Новобрачные — люди, которые недавно поженились.
9 — Выходной — день, когда вы не работаете.

❸

1 — ведущий           5 — чаевые
2 — портной           6 — раненый
3 — набережная        7 — первое
4 — снотворное

1 — животные.         3 — пирожное.
2 — насекомые.        4 — мороженое.

❺

1 — в столовой        4 — в прачечной
2 — в булочной        5 — в гостиной
3 — в мастерской      6 — в ванной

❻

1 — учёным                7 — с мороженым
2 — в выходной            8 — знакомой
3 — в парикмахерскую      9 — снотворного
4 — булочной             10 — животных
5 — с пирожными          11 — наличных
6 — учащимися

## Unit 3

### pages 14-17

#### SHORT ADJECTIVES WITH A NOUN COMPLEMENT

1 — ангиной
2 — на моего брата
3 — в том, что случилось
4 — в том, что он займёт первое место
5 — всем

# Key

6 — тем, как закончилась встреча
7 — к экзамену
8 — ему
9 — на бабушку

## ❷
1 — Мне знакомо это лицо.
2 — Вам необходима виза.
3 — Он достоин «Оскара».
4 — Таня способна на большее.
5 — Вы на рады его звонку.
6 — Мне понятен ваш вопрос.
7 — Валя согласна с Марком.

## ❹
1 — Да, она была дружна со многими известными художниками.
2 — Да, мне интересно ваше мнение.
3 — Да, мне известна его точка зрения.
4 — Да, я знаком (знакома) с Олегом.
5 — Да, мне понятна его позиция.
6 — Да, он согласен со мной.

## ❺
1 — велик
2 — коротка
3 — занято
4 — беден
5 — вредно
6 — здоров
7 — зол

## ❻
1 — Да, Ирак богат нефтью.
2 — Да, он доволен своей поездкой в Казань.
3 — Да, я думаю, она способна на это.
4 — Эти туфли мне велики / малы...
5 — Да, я уверен (уверена) в этом / уверен (в том), что он будет не согласен.
6 — Да, я был рад (была рада) этой встрече.

## Unit 4

### pages 18-21

#### POSSESSIVE ADJECTIVES

## ❶
1 — брат мамы
2 — машина дяди
3 — очки Наташи
4 — адрес Лены
5 — телефон Пети
6 — дача тёти
7 — орден деда

## ❷
1 — дочь Петра
2 — сын кузнеца
3 — дочь Михаила
4 — дочь Николая
5 — дочь Павла
6 — сын Кузьмы
7 — сын столяра
8 — сын Владимира
9 — сын Фрола
10 — сын Осипа
11 — сын кучера
12 — дочь Марины

## ❸
1 — Владимира Путина
2 — Александру Плотникову
3 — Марины Цветаевой
4 — Юрием Любимовым
5 — Анне Ахматовой
6 — Михаилом Горбачёвым

## ❹
1 — овечий сыр
2 — Таниным папой
3 — рыбьего жира
4 — всех маминых подруг
5 — казачьим атаманом
6 — Татьяниному дню
7 — Серёжиных друзьях

## ❺
1 — хвост кошки
2 — ошейник собаки (для собаки)
3 — мех лисы
4 — уши зайца
5 — стая волков

##
1 — Козий сыр можно сделать из козьего молока.
2 — Одеяло можно сделать из верблюжьей шерсти.
3 — Шапку можно сделать из заячьего меха.
4 — Ковёр можно сделать из овечьей шерсти.
5 — Шубу можно сделать из лисьего меха.
6 — Овечий сыр можно сделать из овечьего молока.

## Unit 5

### pages 22-25

#### THE AGREEMENT OF CARDINAL NUMERALS, NOUNS AND ADJECTIVES

## ❶
1 — одного моего старого друга
2 — одной моей подруге
3 — один американский фильм
4 — одну мою подругу
5 — одним английским журналистом

# Key

## ❷

1 — 6 американских студентов
2 — 3 французских фильма
3 — 2 новых университета
4 — 9 красных роз
5 — 3 маленьких бутерброда
6 — 8 красивых женщин
7 — 4 чайные ложки
8 — 5 интересных музеев
9 — 2 новых слова

## ❹

1 — тридцати коротких рассказов
2 — семи популярных фильмах
3 — два новых компакт-диска
4 — пяти русских городах
5 — пять красивых тюльпанов
6 — три новые песни
7 — двенадцать его новых стихотворений
8 — восьми школьным друзьям
9 — двух моих американских друзей

## ❺

3 — В Москве девять железнодорожных вокзалов.

## ❻

1 — двух моих французских подруг
2 — два новых костюма
3 — трёх московских театрах
4 — тремя моими американскими друзьями
5 — десяти исторических романов
6 — тридцати старинных автомобилей

## Unit 6

### pages 26-29

### DECLENSION OF COMPLEX AND COMPOUND NUMERALS

## ❶

1 — двадцати трёх
2 — пятидесяти пяти
3 — четырёхсот шестидесяти
4 — девятисот пятидесяти
5 — пятидесяти трёх
6 — шестидесяти пяти
7 — сорока пятью и пятьюдесятью
8 — шестисот
9 — трёхсот семидесяти
10 — двенадцатью
11 — семисот пятидесяти
12 — двумстам шестидесяти
13 — трёхсот

## ❷

1 — пять тысяч четыреста семьдесят два рубля
2 — пяти тысячам четырёмстам семидесяти двум рублям
3 — пятью тысячами четырьмястами семьюдесятью двумя рублями
4 — пять тысяч четыреста семьдесят два рубля
5 — пяти тысяч четырёхсот семидесяти двух рублей
6 — пяти тысячах четырёхстах семидесяти двух рублях

## ❸

1 — до полутора тонн
2 — полудня
3 — полутора
4 — полугода
5 — полутора
6 — полтора
7 — полусотни

## ❹

1 — тысячи шестисот и двух тысяч трёхсот пятидесяти
2 — от восьмидесяти девяти до трехсот шестидесяти пяти,
от ста семидесяти семи до трёхсот сорока четырёх,
от пятидесяти одного до восьмидесяти восьми,
от трёхсот девяноста до шестисот шестидесяти
3 — ста двадцати и восьмидесяти, шесть, около трёхсот, двухсот пятидесяти, восьмисот, ста семидесяти пяти, двадцати пяти

## Unit 7

### pages 30-33

### THE FRACTIONS

## ❶

a) одна пятая, три восьмых, одна четвёртая, четыре седьмых, две девятых, три четвёртых, одна тридцать вторая, девять двадцать четвёртых

b) ноль целых две десятых, ноль целых пять десятых, ноль целых пять сотых, ноль целых три тысячных, ноль целых двадцать семь сотых, ноль целых восемь десятых, ноль целых сто двадцать пять тысячных, ноль целых тринадцать тысячных, ноль целых одна десятитысячная

c) одна целая пять десятых, одна целая двадцать пять сотых, две целых

189

# Key

семьдесят пять сотых, семь целых восемьдесят четыре сотых, двенадцать целых двенадцать сотых

## ❷
а)
1 — К одной целой семи десятым прибавить ноль целых две десятых будет одна целая девять десятых.
2 — К двум целым трём десятым прибавить одну целую три десятых будет три целых шесть десятых.
3 — К четырём целым восьми десятым прибавить шесть целых одну десятую будет десять целых девять десятых.

б)
1 — От пяти целых семи десятых отнять ноль целых пять десятых будет пять целых две десятых.
2 — От тридцати двух целых девяти десятых отнять семнадцать целых четыре десятых будет пятнадцать целых пять десятых.
3 — От восьми целых шести десятых отнять семь целых две десятых будет одна целая четыре десятых.

## ❸
2/3; 3/4; 1,5; 0,5; 0,00001; 0,000002.

## ❹
Три с половиной тонны, восемь с четвертью километров, четыре с половиной секунды, пять с половиной лет, семнадцать с половиной процентов.

## ❺
1 — трёх целых четырёх десятых процента
2 — тринадцати целых восьми десятых процента
3 — две целые (целых) восемь десятых процента
4 — трёх целых четырёх десятых тонны
5 — пять целых три десятых процента, одну шестую
6 — два с половиной миллиарда

## Unit 8

### pages 34-39

**THE COLLECTIVE NUMERALS ДВОЕ, ТРОЕ, ЧЕТВЕРО, etc.**

1 — двое братьев
2 — трое детей
3 — четверо врачей

4 — пятеро сотрудников
5 — шестеро щенков
6 — двое суток
7 — трое часов
8 — семеро студентов

## ❷
1 — Эту книгу написали четверо соавторов.
2 — У кошки родилось пятеро котят.
3 — Над этим проектов работают шестеро сотрудников.
4 — Трое спортсменов показали одинаковый результат.
5 — На вечере было пятеро французов.

## ❸
1 — шестеро, семеро    3 — четверо
2 — трое, двое         4 — пятеро

## ❹
1 — шестерых
2 — «Вокзал для двоих»
3 — пятеро щенков
4 — трое французских друзей, у двоих из них
5 — четверо детей, у всех четверых
6 — четверо
7 — за троих

## ❺
1 — четверо суток
2 — четыре фирмы
3 — трое братьев (три брата)
4 — пятеро из них
5 — два киоска
6 — четыре участницы
7 — «Семеро козлят»
8 — на троих
9 — две рубашки и двое брюк (две пары брюк).

## ❻
1 — Инфляция выросла втрое.
2 — Его жена вдвое моложе его.
3 — За это время акции банка выросли вчетверо.
4 — Зимой яблоки втрое дороже, чем летом.
5 — Он заплатил вдвое больше, чем хотел бы.

## ❼
1 — втрое
2 — втроём
3 — трое

## ❽
1 — вдвоём, семеро, вшестером
2 — вдвоём, втроём, вчетвером

3 — втроём, вдвоём
4 — вдвоём
5 — четверо

## Unit 9

### pages 40-41

**ОБА, ОБЕ**

**1**
1 — обе
2 — у обеих
3 — оба
4 — обе
5 — оба
6 — обеими

**2**
1 — и то, и другое
2 — обе (и та, и другая)
3 — и то, и другое
4 — и то, и другое
5 — оба
6 — оба (и тот, и другой)
7 — оба (и тот, и другой)

## Unit 10

### pages 42-45

**САМ and САМЫЙ**

**1**
1 — Спасибо, я сама.
2 — Спасибо, я сама.
3 — Спасибо, я сам.
4 — Спасибо, мы сами (приготовим).

**2**
1 — к самому юбиляру
2 — с самой хозяйкой
3 — в самом здании
4 — самим авторам проекта
5 — его самого

**3**
1 — сама себе (самой себе)
2 — сами себя (самих себя)
3 — сами себя (самих себя)
4 — сам себе (самому себе)

**4**
1 — само собой разумеется (само собой понятно)
2 — само собой понятно (само собой разумеется)
3 — сам по себе
4 — само собой разумеется, сам

**5**
1 — тот самый
2 — в эту самую минуту
3 — с теми самыми актёрами
4 — в то самое

**6**
1 — с самого утра до самого вечера
2 — на самом краю стола
3 — до самой старости
4 — в самом центре города
5 — по самому берегу реки
6 — с самого начала до самого конца
7 — в самом начале статьи

## Unit 11

### pages 46-49

**VERB ASPECTS IN THE PAST TENSE**

**1**
1 — открывал(а), открыл
2 — взял(а), брала
3 — дал(а), давал(а)

**2**
1 — пришла
2 — уходил
3 — заходила
4 — принёс
5 — привёз (привезла)
6 — уезжал(а)
7 — ушла
8 — брал(а)
9 — поставил

**3**
1 — давал(а)
2 — ложился (ложилась)
3 — готовил(а)
4 — искал(а)
5 — мерил(а)

**4**
1 — нашёл (нашла)
2 — сдал
3 — выучила
4 — решили
5 — пришёл

## Unit 12

### pages 50-55

**ASPECTS IN THE INFINITIVE**

**2**
1 — объяснить
2 — записать
3 — найти
4 — предупредить
5 — заказать

## Key

**3**
1 — заплатить
2 — отдыхать
3 — ставить
4 — готовить
5 — зарабатывать
6 — ложиться
7 — повторять
8 — проверить

**4**
1 — говорить
2 — поливать
3 — объяснить
4 — помочь
5 — передать
6 — работать

**5**
1 — вставать
2 — оставаться
3 — опаздывать
4 — спорить
5 — покупать
6 — обсуждать

**7**
1 — Не нужно приносить завтра паспорт.
2 — Я вам не советую обращаться в эту фирму.
3 — Вам не следует заказывать билеты в театр заранее.
4 — Не надо покупать абонемент в фитнес-клуб.
5 — Ему не хочется пить шампанское.
6 — Я вам не советую ехать (ездить) в Сочи зимой.

**8**
1 — смотреть
2 — прочитать
3 — выписать
4 — собирать
5 — отремонтировать

## Unit 13

### pages 56-59

**VERB ASPECTS IN THE IMPERATIVE**

**1**
1 — делай гимнастику
2 — пиши мне письма
3 — покупайте этот журнал
4 — гуляйте перед сном
5 — берите мой
6 — одевайтесь потеплее

**2**
1 — говорите
2 — посмотрите
3 — принимайте
4 — дай

**3**
1 — Попробуйте, ...
2 — Спросите, ...
3 — Скажи, ...
4 — Позвоните, ...
5 — Посоветуйтесь, ...

**4**
1 — положите, кладите
2 — подпишите, подписывайте
3 — пошлите, посылайте
4 — переведите, переводите

**5**
1 — разрешение
2 — согласие

**6**
1 — Не ешь.
2 — Не включай.
3 — Не покупай.
4 — Не оставляй.
5 — Не оставайся.
6 — Не бери.

**7**
1 — не провожайте
2 — не покупай
3 — не пиши
4 — не заказывай
5 — не смотри

**8**
1 — Смотри, не потеряй.
2 — Смотри, не пролей.
3 — Смотри, не урони.
4 — Смотрите, не упадите.
5 — Смотри, не заболей.

## Unit 14

### pages 60-63

**VERBS OF MOTION (TRANSITIVE) WITH PREFIXES**

**1**
1 — Саша унёс мои ключи.
2 — Я привезу детей.
3 — Он принесёт в пять часов мой паспорт.
4 — Анна всегда привозит к родителям (своего) сына.
5 — Я завезу вам билеты.
6 — Он привёл подругу.
7 — Грузовик привёз нашу мебель.
8 — Он всегда приносит бутылку вина.

**2**
1 — приносил
2 — привезти
3 — перевезли
4 — унёс
5 — увезу
6 — привозил

## ❸

1 — отнести (отвезти)    5 — отвести (отвезти)
2 — отнеси              6 — отнеси (отвези)
3 — отведу (отвезу)     7 — отвозит
4 — отвезти

## Unit 15

### pages 64-69

**VERBS OF MOTION WITH PREFIXES ПО -, ПРО-, С-, ЗА-, ИЗ- EXPRESSING NON-SPATIAL MEANING**

### ❶

1 — шли          4 — плыли
2 — полетел      5 — ехали
3 — повёз        6 — пошёл

### ❷

1 — пошёл
2 — ходила
3 — пойду (поеду)
4 — пойдёте (поедете), ходила (ездила)
5 — пойдёшь (поедешь), хожу (езжу)
6 — ездили
7 — поедете, ездили
8 — повести, водили
9 — побежал
10 — бегала (ездила, ходила)

### ❸

1 — b,a       6 — a
2 — a         7 — b, a
3 — b         8 — a
4 — b, b      9 — b
5 — b, a

### ❹

1 — Сходи, пожалуйста, в магазин за хлебом.
2 — Сходи, пожалуйста, оплати счёт за телефон.
3 — Съезди, пожалуйста, к бабушке.
4 — Съезди, пожалуйста, в турагенство, забери билеты.
5 — Сбегай (сходи), пожалуйста, в магазин за мороженым.

### ❺

1 — схожу (сбегаю)
2 — проходил(а) (пробегал(а))
3 — съездить, проездили, сходить, съездить

4 — проходил, сходить
5 — сходить
6 — съезжу

### ❻

1 — поехать     6 — походить
2 — сбегать     7 — пойти
3 — понёс       8 — изъездил
4 — забегали    9 — проходили
5 — поводить

### ❼

1 — повести, сходить, пойдём
2 — изъездил
3 — проплавать
4 — съездить, поводить, походить
5 — поехал, повёз
6 — проходили
7 — поедешь
8 — схожу
9 — походили, пошли

## Unit 16

### pages 70-77

**FIGURATIVE USE OF THE VERBS OF MOTION**

### ❶

1 — вести       6 — вестись
2 — водиться    7 — выйти
3 — лететь      8 — вести
4 — ходить, уйти  9 — везти
5 — идти

### ❸

1 — нет         3 — да
2 — нет

### ❺

Переводила разговор, прошёл год, книга вышла, книга выйдет, дела идут неплохо, пришло письмо, концерт прошёл, пройдёт время, привести в порядок дела, она ушла из жизни.

### ❻

1 — уменьшается   5 — сломались
2 — потратили    6 — говорили
3 — состоялся    7 — радует
4 — служить

### ❽

1 — подойти
2 — проходить

193

# Key

3 — пойти
4 — доходить
5 — проводить
6 — вести себя
7 — вести
8 — пойти
9 — переносить
10 — перенестись

**10**

1 — подходит
2 — проходит (прошёл)
3 — ведёт
4 — переносится
5 — выношу
6 — идут
7 — ведёт
8 — везёт
9 — выходит

## Unit 17

### pages 78-81

**THE PARTICIPLE (introduction)**

1 — прочитать
2 — говорить
3 — сказать
4 — увидеть
5 — закрыть
6 — переводить
7 — победить
8 — жить
9 — встретиться
10 — умереть
11 — родиться
12 — построить

1 — 2
2 — 1
3 — 6
4 — 3
5 — 5
6 — 4
7 — 8
8 — 7

❸

Делать — imperf.
Сделать — perf.
Потерять — perf.
Взять — perf.
Брать — imperf.
Сказать — perf.
Полюбить — perf.
Любить — imperf.
Купить — perf.
Покупать — imperf.
Учиться — imperf.
Говорить — imperf.

❹

1 — телефон отключён
2 — решение найдено
3 — книга издана
4 — очки потеряны
5 — окно разбито
6 — игрушки сломаны

❺

Говорящий, читающий, построенный, потерянный, выучивший, курящий, купивший, закрытый, продаваемый, любящий, написанный.

**А.**
Найден — past passive participle (short form)
Написавшего — past active participle
Утерянными — past passive participle
Содержащем — present active participle
Написанные — past passive participle
Найдены — past passive participle (short form)
Неизданных — past passive participle
Напечатаны — past passive participle (short form)
Выставлен — past passive participle (short form)

**Б.**
Обучающийся — present active participle

## Unit 18

### pages 82-85

**PRESENT ACTIVE PARTICIPLES AND PAST ACTIVE PARTICIPLES**

❶

а) работающий, думающий, знающий, делающий, пишущий
б) рисующий, танцующий, беседующий, критикующий, анализирующий
в) дающий, встающий, узнающий, устающий, отдающий
г) возвращающийся, встречающийся, обижающийся, увлекающийся, интересующийся
д) поющий, моющий, пьющий, льющий

а) создававший, выполнявший, давший, видевший, ожидавший
б) встретившийся, интересовавшийся, вернувшийся, занимавшийся
в) погибший, достигший, исчезнувший, нёсший, спасший, росший
г) евший, севший, пропавший, укравший
д) шедший, прошедший, вошедший, переведший

Key

1 — открывшемся
2 — вылетевший
3 — построившая
4 — претендовавший
5 — прочитавшие
6 — идущего (шедшего)
7 — прошедшие
8 — говорящего
9 — ехавшие (едущие)
10 — летающую

1 — заплакавшего     4 — купившей
2 — уехавшим         5 — ушедшее
3 — потерявшим

1 — спящие дети
2 — блестящий снег
3 — развивающаяся страна
4 — смеющаяся девушка
5 — победившая команда
6 — прошедший день
7 — уставший человек
8 — поющая женщина

## Unit 19

pages 86-91

**PRESENT PASSIVE PARTICIPLES AND PAST PASSIVE PARTICIPLES**

Изучаемый
признаваемый
исследуемый
публикуемый
наблюдаемый
используемый
читаемый
любимый
узнаваемый
производимый
уважаемый
изображаемый
издаваемый
описываемый
импортируемый
обсуждаемый
продаваемый
организуемый

1 — демонстрируемых
2 — уважаемые
3 — изучаемом
4 — сообщаемым

сделанный        созданный
написанный       проданный
изученный        законченный
выполненный      решённый
подготовленный   приглашённый
освобождённый    купленный
произведённый   найденный
привезённый      забытый
завёрнутый       сшитый
увиденный        переведённый

**4**

1 — поставленный   5 — забытая
2 — купленного     6 — посланную
3 — привезённые    7 — приобретённые
4 — допущенные     8 — полученных

**5**

1 — подаренное тобой, с подаренным тобой, к подаренному тобой
2 — построенный за городом, построенном за городом, построенным за городом
3 — подписанные директором, подписанными директором, подписанных директором
4 — предложенном вами, предложенного вами, предложенного вами

1 — роман написан
2 — письмо прочитано
3 — окна открыты
4 — задание выполнено
5 — контракт подписан
6 — статья опубликована

1 — построенный год назад дом — дом построен год назад
2 — снятый в Голливуде фильм — фильм снят в Голливуде
3 — посланное в офис письмо — письмо послано в офис
4 — переставленный к окну стол — стол переставлен к окну
5 — принятое на встрече решение — решение принято на встрече

# Key

наделённый — наделить
названное — назвать
приготовленный — приготовить
развращённый — развратить
свалившимся — свалиться

## Unit 20

## pages 92-95

### PARTICIPIAL CONSTRUCTIONS

1 — Преподаватель исправил ошибки, допущенные нами в тексте.
2 — Расскажите о работе, проделанной вами за год.
3 — В течение пяти лет вы должны вернуть кредит, полученный в банке.
4 — Он весь день напевал мелодию, услышанную в кафе.
5 — Вы можете обменять товары, купленные в нашем магазине, в течение двух недель.
6 — Приглашаем посетить Исторический музей, открывшийся после реставрации.
7 — Недавно в Петербурге открылись сразу две выставки, посвящённые моде.

❸

1 — Друзьям, живущим во Франции.
2 — Туристы, едущие на экскурсию в Берлин.
3 — Молодых специалистов, желающих получить работу в фирме.
4 — Секретарша, хорошо знающая английский язык.
5 — События, произошедшие во время Второй мировой войны.

❹

1 — Все с интересом обсуждали интервью министра обороны, опубликованное в журнале «Власть».
2 — Я забыл фамилию художника, написавшего картину «Три богатыря».
3 — Моя жена предпочитает одежду, сшитую в ателье, а не купленную в магазине.
4 — Жюри конкурса, возглавляемое Владимиром Васильевым, состоит из руководителей крупнейших балетных трупп мира.

5 — Фотографии, сделанные во время фестиваля, прекрасно передают атмосферу праздника.
6 — Он провёл детство на Тверской, называвшейся тогда улицей Горького.

## Unit 21

## pages 96-101

### THE GERUND

| | |
|---|---|
| понимая | работая |
| держа | крича |
| любя | знакомясь |
| существуя | живя |
| спеша | идя |
| будучи | лёжа |
| веря | договариваясь |
| давая | узнавая |
| вставая | продавая |

❷

1 — предпочитая — предпочитать
2 — улыбаясь — улыбаться
3 — обращая — обращать
4 — ожидая — ожидать
5 — выходя — выходить
6 — стремясь — стремиться, двигаясь — двигаться, отклоняясь — отклоняться

1 — Отвечая на экзамене, она волновалась.
Она отвечала на экзамене, волнуясь.
2 — Он пил кофе, читая газету.
3 — Подходя к дому, я увидел Наташу.
4 — Готовя обед, она смотрела сериал по телевизору.
Она готовила обед, смотря сериал по телевизору.

1 — Отдыхая, мы слушаем музыку и смотрим телевизор.
2 — Знакомясь, они обменялись визитными карточками.
3 — Здороваясь, мужчины пожимают друг другу руки.
4 — Загорая, мы пользуемся солнцезащитным кремом.
5 — Уходя, выключайте свет в комнате.
6 — Покупая сок, обращайте внимание на срок годности.

# Key

7 — Убирая квартиру, Лариса нашла кольцо, которое недавно потеряла.
8 — Будучи министром, он проводил непопулярные реформы.
9 — Давая мне свой телефон, Света предупредила, что ей можно звонить до одиннадцати вечера.
10 — Ложась спать, Анечка просит бабушку рассказать ей сказку.
11 — Давая обещания, старайтесь их выполнять.

**5**

1 — Не читай лёжа.
2 — Пиши не торопясь.
3 — Ешь не спеша.
4 — Смотри молча.

**6**

написав
изучив
встретившись (встретясь)
подойдя
выйдя
переведя
увидев, увидя

открыв
проснувшись
засмеявшись
показав
научившись
унеся
услышав, услыша

**7**

1 — Увидев мать, ребёнок побежал к ней.
2 — Закончив работу, коллеги пошли пить кофе.
3 — Умывшись, причесавшись, она приготовила завтрак.
4 — Повторив правила, студенты стали делать упражнение.
5 — Написав письмо, секретарь отправила его по факсу.
6 — Отведя детей в детский сад, он поехал на работу.

**8**

1 — Споткнувшись, Артём чуть не упал.
2 — Заболев, он не смог поехать на конференцию.
3 — Женившись, он перестал ездить на рыбалку.
4 — Оглянувшись, Вера увидела возле киоска свою подругу.
5 — Подключив Интернет, вы сможете быстро находить нужную вам информацию.
6 — Вернувшись домой, Игорь позвонил родителям.

## Unit 22

### pages 102-105

**THE GERUNDIAL CONSTRUCTION**

**1**

1 — Отвечая на экзамене, она волновалась.
2 — Регулярно встречаясь, они обсуждают политические новости.
3 — Читая текст, он пользовался словарём.
4 — Он говорил по телефону, лёжа на диване.
5 — Учась в университете, она продолжала профессионально заниматься спортом.
6 — Посмотрев фильм «Идиот», я решила перечитать роман.
7 — Сдав экзамены, Ирина поедет на Чёрное море отдыхать.
8 — Подъезжая к городу, мы увидели аварию.

**2**

2 — Когда он (она) разговаривал(а) с клиентом, зазвонил мобильный телефон.
3 — Когда он (она) гулял(а) в парке, пошёл дождь.
5 — Он вышел из комнаты, оставив дверь открытой.
6 — Когда я узнал об этом, мне стало плохо.

1 — Уехав из Москвы, Алёша больше никогда не звонил мне.
2 — Приехав из Парижа, Виктор привёз подарки жене и детям.
3 — Будучи директором завода, он часто ездил в командировки.
4 — Идя в гости, я покупаю торт или бутылку вина.
5 — Быстро забывая имена, я хорошо помню лица.
6 — Придя домой, мы быстро приготовили ужин.
7 — Попав в пробку, он опоздал на самолёт.

## Unit 23

### pages 106-111

**THE PASSIVE VOICE**

**1**

1 — Кто открыл Америку? — Америку открыл Христофор Колумб.
Кем (была) открыта Америка? — Америка (была) открыта Христофором Колумбом.

197

## Key

2 — Кто открыл периодический закон химических элементов? — Периодический закон химических элементов открыл Дмитрий Менделеев. Кем (был) открыт периодический закон химических элементов? — Периодический закон химических элементов (был) открыт Дмитрием Менделеевым.

3 — Кто сформулировал основные принципы кибернетики? — Основные принципы кибернетики сформулировал Норберт Винер. Кем (были) сформулированы основные принципы кибернетики? — Основные принципы кибернетики (были) сформулированы Норбертом Винером.

4 — Кто создал теорию относительности? — Теорию относительности создал Альберт Эйнштейн. Кем (была) создана теория относительности? — Теория относительности (была) создана Альбертом Эйнштейном.

5 — Кто основал Москву? — Москву основал князь Юрий Долгорукий. Кем основана Москва? — Москва основана князем Юрием Долгоруким.

1 — Да, факс отправлен.
2 — Да, контракт подписан.
3 — Да, заказ оплачен.
4 — Да, билеты заказаны.
5 — Да, анкеты заполнены.
6 — Да, проект закончен.
7 — Да, рейс отменён.
8 — Да, решение принято.

1 — Земной шар делится экватором на Северное и Южное полушарие.
2 — Эверест впервые был покорён альпинистами в 1953 году.
3 — Парламентом (был) принят ряд новых законов.
4 — Слова песни «Катюша» (были) написаны поэтом Михаилом Исаковским.
5 — Компанией «Сибнефть» осваивается новое нефтяное месторождение.
6 — Издательством «Эксмо» публикуется серия книг «Иронический детектив».
7 — Мэрией Петербурга (был) объявлен конкурс на лучший проект реконструкции Мариинского театра.

❹

1 — Нобелевская премия (была) учреждена Альфредом Нобелем.
2 — Эйфелева башня была построена Эйфелем.
3 — Система Станиславского была создана Станиславским.
4 — Петербург (был) основан Петром Первым в 1703 году.
5 — Роман «Анна Каренина» написан Львом Толстым.
6 — Москва (была) основана Юрием Долгоруким в 1147 году.
7 — Картина «Три богатыря» написана Виктором Васнецовым.
8 — Собор Василия Блаженного (был) построен в 16 веке.

1 — Конкурс молодых артистов балета был организован по инициативе Большого театра.
2 — На Тверской недавно был открыт новый ресторан.
3 — Аудиторская проверка будет закончена через две недели.
4 — Все билеты на концерт Пласидо Доминго уже проданы.
5 — Он был избран мэром на второй срок.
6 — Каждый месяц в городе открываются новые кафе и рестораны.

1 — Его избрали депутатом парламента.
2 — Для участия в конкурсе приглашают всех желающих.
3 — На конференции этой проблеме уделяли большое внимание.
4 — Выставку откроют через неделю.
5 — В «Доме книги» продают прекрасные книги по искусству.
6 — Эту пьесу Шекспира перевёл на русский язык Борис Пастернак.
7 — Новый закон парламент ратифицирует на следующей неделе.

## Unit 24

pages 112-117

### EXPRESSION OF TIME (I)

**1**

Половина первого, пять минут второго, двадцать пять минут третьего, семь часов, восемнадцать минут седьмого, без десяти пять, без пятнадцати десять, десять минут одиннадцатого, без двадцати четыре, половина пятого, без пяти одиннадцать, пятнадцать минут шестого.

**3**
1 — половина второго, (в) полчетвёртого (в половине четвертого)
2 — пять минут восьмого, в семь часов

**4**
1 — восемь часов утра
2 — два часа дня
3 — шесть часов утра
4 — девять часов вечера

**5**
1 — Андрей пришёл с работы в восемь вечера.
2 — Он позвонил в девять вечера.
3 — Обычно я ухожу на работу в семь утра.
4 — Передача «Времена» начинается в шесть вечера.
5 — У меня урок в девять утра.
6 — Поезд приходит в шесть утра.

**6**
1 — минут двадцать седьмого
2 — часов в шесть
3 — минут пятнадцать восьмого
4 — минут пять третьего
5 — минут без пятнадцати четыре

**7**
1 — Я послал факс около двух.
2 — Он лёг спать в одиннадцатом часу.
3 — Спектакль закончился часов в десять.
4 — Мы вышли из кафе в начале седьмого.
5 — Мы закончили убирать квартиру часа в три.
6 — Лена пришла, мне кажется, между семью и восемью.

**8**
1 — время       4 — дата
2 — время       5 — время
3 — дата        6 — время

## Unit 25

### pages 118 -121

**EXPRESSION OF TIME (II)**

1 — Лев Толстой умер за 7 лет до Октябрьской революции.
2 — Анна переехала в Киев за три года до смерти.
3 — Они пришли в магазин за пять минут до закрытия.
4 — Билеты надо выкупить за день до вылета.
5 — Людмила получила визу за неделю до отъезда.
6 — Мы купили билеты за десять минут до отправления поезда.
7 — Документы будут готовы за неделю до подписания контракта.

**2**
1 — Он погиб через год после начала войны (спустя год после начала войны).
2 — Анна вышла замуж через три года после окончания университета (спустя три года после окончания университета).
3 — Видеокассету можно будет купить через три месяца после выхода фильма на экран.
4 — Они уехали в свадебное путешествие спустя неделю после свадьбы (через неделю после свадьбы).
5 — Марк начал хорошо говорить по-русски через два года после приезда в Россию (спустя два года после приезда в Россию).
6 — Этот фильм можно будет увидеть через месяц после кинофестиваля.

**3**
1 — при Сталине
2 — при Петре Первом
3 — при Петре Первом
4 — при князе Владимире
5 — при Брежневе
6 — при Горбачёве
7 — при Ельцине
8 — при (императрице) Елизавете

**4**
1 — при          7 — в течение
2 — во время     8 — к
3 — во время     9 — к
4 — спустя       10 — со... до
5 — с...по       11 — в течение
6 — спустя

## Unit 26

### pages 122-125

#### EXPRESSION OF PURPOSE IN A SIMPLE SENTENCE

**1**

1 — за документами к подруге
2 — за детьми
3 — за цветами
4 — за лекарством
5 — за Олегом

**2**

1 — Да, Валя заходила взять зонтик.
2 — Да, я принёс показать его Наташе.
3 — Да, Саша приходил ремонтировать компьютер.
4 — Да, кассир ездила в банк снимать деньги со счёта.
5 — Да, мы посылаем курьера отнести документы.
6 — Да, они поехали туда отдыхать.

**3**

1 — Пойду пообедаю.
2 — Сходи купи лекарство.
3 — Пойдём выпьем кофе.
4 — Пойду посплю.

**4**

1 — Да, эта программа была принята для сохранения памятников истории и архитектуры.
2 — Центробанк делает это для повышения курса рубля.
3 — Правительство делает это для снижения уровня инфляции.
4 — Международная космическая станция была создана для проведения научных исследований в космосе.
5 — Этот аппарат используется для исследования состояния сердца.

**6**

1 — с целью (в целях) повышения качества образования
2 — с целью (в целях) улучшения экологической ситуации в городе
3 — с целью (в целях) уменьшения расходов

## Unit 27

### pages 126-127

#### EXPRESSIONS OF CAUSE IN A SIMPLE SENTENCE

**1**

1 — Я опоздала на самолёт из-за пробок.
2 — Я не поехала на дачу из-за доклада.
3 — Я не опоздала на работу благодаря Андрею.
4 — Я хорошо знаю английский язык благодаря моим родителям.
5 — Я сделала карьеру благодаря моей работоспособности.
6 — Я проснулась очень рано из-за шума.
7 — Я научилась плавать благодаря моей подруге.

**2**

1 — из любопытства
2 — из честолюбия
3 — от холодной воды
4 — по ошибке
5 — из-за (от) переутомления
6 — по глупости
7 — от страха
8 — из-за плохого зрения
9 — по невнимательности
10 — от неожиданности

## Unit 28

### pages 128-129

#### EXPRESSION OF CONDITION

**1**

1 — Если бы он хотел, он мог бы взять такси.
2 — Если не повторять новые слова, их трудно запомнить.
3 — Если этот документ им не подписан, он не действителен.
4 — Мы готовы заключить этот контракт, если мы получим гарантии.
5 — В том случае если команда победит, она получит денежный приз.
6 — Покупательный спрос увеличивается, если повышаются зарплаты.

# Unit 29

## pages 130-133

### EXPRESSION OF CONCESSION

**1**

1 — Мы пошли гулять, несмотря на дождь.
2 — Она не поехала с нами, несмотря на уговоры.
3 — Маша не пришла на мой день рождения, несмотря на обещание.
4 — Сергей помог мне купить компьютер, несмотря на свою занятость.
5 — Мне не понравился фильм «Сибирский цирюльник», несмотря на мою любовь к фильмам Никиты Михалкова.
6 — Она не ушла с концерта, несмотря на сильную головную боль.
7 — Они поженились, несмотря на возражения их родителей.
8 — Он спел прекрасно, несмотря на волнение.

**3**

1 — несмотря на то, что (хотя) я много занимался, я плохо говорю по-русски.
2 — несмотря на то, что (хотя) Наташа позвонила мне в пятницу, я не успел купить билет.
3 — несмотря на то, что (хотя) я вышел из дома в 6 часов, я опоздал на спектакль.
4 — несмотря на то, что (хотя) я знаю китайский язык, мне трудно найти работу (я не могу найти работу).
5 — несмотря на то, что я знаю этот район (хотя я и знаю этот район), я (всё равно) заблудился.

**4**

1 — Хотя эта история была много лет назад, я тем не менее (всё же, всё-таки, всё равно) помню её.
2 — Хотя Анна такая занятая женщина, она тем не менее (всё же, всё-таки) часто ходит в театры.
3 — Хотя Олег много раз не выполнял свои обещания, я тем не менее (всё же, всё-таки, всё равно) ему верю.
4 — Хотя вы забыли написать номер моего дома, я всё же (всё-таки, всё равно) получила ваше письмо.
5 — Хотя завтра будет очень холодно, мы тем не менее (всё же, всё-таки, всё равно) поедем на дачу.

6 — Хотя мы и собирались встретиться завтра, он тем не менее (всё же, всё-таки, всё равно) уехал.

**5**

1 — При том, что в Новосибирске летом бывает +30°, там очень холодная зима.
2 — Пусть эта машина стоит дорого, зато она очень надёжная.
3 — Невзирая на то, что больной был предупреждён о последствиях, он отказался от операции.
4 — Несмотря на то, что в Бразилии часто происходят финансовые скандалы, бразильский рынок — самый благоприятный для инвесторов.

# Unit 30

## pages 134-139

### EXPRESSION OF COMPARISON

**1**

1 — как камень
2 — как шоколад
3 — словно пух
4 — как сахар
5 — как ртуть

**2**

1 — все, кроме «как бы»
2 — все, кроме «как бы»
3 — все, кроме «как бы»
4 — все, кроме «как бы»
5 — все, кроме «как бы» и «как если бы»
6 — все, кроме «как если бы»

**4**

1 — любимой женщине
2 — другом
3 — небо, флейта
4 — зеркале
5 — самому близкому человеку
6 — в Африке
7 — брата
8 — ребёнок

**5**

1 — как дома
2 — похожи как две капли воды
3 — как по маслу
4 — как дважды два
5 — как рукой сняло

**6**

1 — волк
2 — собака
3 — лиса
4 — осёл
5 — черепаха
6 — лёд

## Key

7 — рыба
8 — заяц
9 — попугай
10 — из ведра

Чем выше поднималось солнце, тем теплее становилось.
Чем больше она думала об этом, тем интереснее ей казалась эта идея.
Чем меньше мы реагируем на стресс, тем меньше болеем.
Чем больше языков мы знаем, тем лучше мы понимаем свой язык.
Вино чем старше, тем лучше.
Чем дороже нефть, тем дороже бензин.

**8**

1 — В отличие от вас я не люблю русский авангард.
2 — По сравнению с Петербургом Псков — маленький город.
3 — В отличие от традиционной русской кухни мексиканская кухня очень острая. По сравнению с традиционной русской кухней мексиканская кухня очень острая.
4 — По сравнению с прошлым годом зима в Москве в этом году довольно холодная. В отличие от прошлого года зима в Москве в этом году довольно холодная.
5 — В отличие от Михаила Лермонтова Лев Толстой прожил долгую жизнь.
6 — В отличие от Андрея Марина свободно говорит на испанском языке.
7 — В отличие от Андрея его жена Анна терпеть не может футбол.

**9**

1 — наподобие, типа
2 — типа, наподобие
3 — подобно
4 — типа
5 — типа, наподобие
6 — вроде, типа, наподобие

### Unit 31

## pages 140-145

### SAME OR SIMILAR?

**1**

1 — такой же
2 — той же (такой же)
3 — том же
4 — такая же
5 — та же
6 — том же
7 — такая же
8 — та же

**3**

1 — Я закажу то же самое.
2 — Я куплю билеты на тот же рейс.
3 — Мы с друзьями пойдём в тот же ресторан, где я был на прошлой неделе.
4 — Я куплю такие же туфли.
5 — Я буду жить в той же гостинице.

**4**

1 — Нет, они учились в разных университетах.
   Нет, Алексей учился в другом университете.
2 — Нет, у нас разные очки.
   Нет, у меня совсем другие очки.
3 — Нет, мы жили в другой гостинице.
4 — Нет, мы учились в одной группе.
5 — Нет, это та же машина.

**5**

1 — Я учусь в той же группе, что и Олег.
2 — Футбольный матч идёт в то же время, что и детектив, но по другому каналу.
3 — Супермаркет «Седьмой континент» находится на той же улице, что и супермаркет «Перекрёсток».
4 — Я ехал в том же вагоне, что и Лариса.
5 — Моя мама родилась в том же городе, что и мой папа.
6 — Я родилась в той же деревне, что и Наташа.

**6**

1 — одной (в одной и той же)
2 — одинаковые
3 — такую же
4 — том же
5 — один и тот же
6 — одинаковую
7 — такая же
8 — одной (одной и той же)
9 — тот же

**7**

Той же, столько же, такая же, том же, так же.

**8**

1 — так же
2 — такой же
3 — так же
4 — так же
5 — так же
6 — так же
7 — такой же

# Unit 32

## pages 146-149

### ТОЖЕ, ТАКЖЕ, И

1 — Август тоже был жаркий.
 И август был жаркий.
2 — В Третьяковскую галерею тоже завтра.
 И в Третьяковскую галерею завтра.
3 — Мне тоже нравится русская литература.
 И мне нравится русская литература.
4 — Я тоже предпочитаю (больше люблю) классическую музыку.
 И я предпочитаю (больше люблю) классическую музыку.
5 — У меня тоже в августе. И у меня в августе.
6 — Я тоже ложусь спать поздно.
 И я ложусь спать поздно.

1 — Я тоже (и я) была довольна нашей работой.
2 — И я (я тоже) хочу поехать кататься на горных лыжах.
3 — Я тоже (и я) регулярно читаю журнал «Итоги».
4 — Я тоже (и я) так считаю.
5 — Мне тоже (и мне) идёт голубой цвет.
6 — Я тоже (и я) хочу сделать ремонт.
7 — Я тоже (и я) так думаю.

1 — тоже (также)    5 — также
2 — также            6 — тоже (также)
3 — тоже (также)    7 — также
4 — также

# Unit 33

## pages 150-155

### EXPRESSION OF NEGATION

1 — Ему не надо учить итальянский язык.
2 — Курс рубля не будет повышаться.
3 — Он не доволен своей поездкой.
4 — Премьера спектакля не состоится в мае.
5 — Она не разбирается в политике.
6 — У него нет мобильного телефона.

1 — Вы не можете отвечать сразу.
 Вы можете не отвечать сразу.
 Вы можете отвечать не сразу.
2 — Людмила не была в Париже в июле.
 Не Людмила была в Париже в июле.
 Людмила была не в Париже в июле.
 Людмила была в Париже не в июле.
3 — Я не звонила вам вчера.
 Не я звонила вам вчера.
 Я звонила не вам вчера.
 Я звонила вам не вчера.
4 — Он не любит тебя.
 Он любит не тебя.
 Не он любит тебя.

1 — не в Италию, не в июле
2 — не я, не в Крыму, не дачу
3 — не вчера, не Анна мне, не мне

1 — Он не читал ни Толстого, ни Тургенева.
2 — Мне никто не звонил ни вчера, ни сегодня.
3 — Я не знаю ни его сестру, ни его брата.
4 — Его не будет ни в мае, ни в июне, ни в июле.

1 — Там не было ни души.
2 — Ольга не была там ни разу.
3 — У него нет ни копейки.
4 — У меня нет ни минуты.
5 — Я ни капли не жалею о том, что мы остались в Москве.
6 — Он не поедет туда ни за что на свете.
7 — Я не поняла ни черта.

1 — Она не может не сделать это.
2 — Машина не может не остановиться.
3 — Человек не может не любить.
4 — Мы не можем не отметить ваш успех.

8

1 — Он знаком с очень многими людьми.
2 — Он работал во многих местах (городах, странах…).
3 — В этом магазине было всё.
4 — Мы отдыхали во многих местах (странах…).
5 — Письма приходят из многих мест (отовсюду).

## Key

### Unit 34

**pages 156-161**

### ГДЕ? КУДА? ОТКУДА?

1 — в командировку
в командировке
из командировки
2 — к матери
у матери
от матери
3 — под ёлку
под ёлкой
из-под ёлки
4 — на войну
на войне
с войны

1 — Самолёт вылетает из Москвы в Париж в 23.45.
2 — Осенью птицы летят с севера на юг.
3 — Мы передвинули письменный стол от окна к стене.
4 — Машина выехала из гаража на улицу.
5 — Я приехал с урока в офис в десять утра.
6 — От Парка Победы кортеж направился к Кремлю.
7 — От врача я повёз ребенка в детский сад.

1 — туда, там
2 — отсюда
3 — вверх (наверх), вниз
4 — внутри
5 — сюда

1 — поехать
2 — спустились, поднялись
3 — находится
4 — располагаются
5 — вернулись
6 — выбежал, побежал
7 — выехала, повернула

**Маршрут № 1.**
Я поехал из Москвы во Владимир, 3 дня я жил во Владимире, из Владимира я поехал в Суздаль, в Суздале, из Суздаля в Ростов Великий, в Ростове Великом, из Ростова Великого в Кострому, в Костроме, из Костромы в Углич, в Угличе, из Углича в Москву.

**Маршрут № 2.**
Из Москвы мы поплыли в Ярославль, … дня мы стояли в Ярославле, из Ярославля мы поплыли в Нижний Новгород, в Нижнем Новгороде, из Нижнего Новгорода в Казань, в Казани, из Казани в Астрахань, в Астрахани, из Астрахани в Москву.

**Маршрут № 3.**
Из Москвы мы поехали (полетели) в Екатеринбург, в Екатеринбурге, из Екатеринбурга в Тюмень, в Тюмени, из Тюмени в Красноярск, в Красноярске, из Красноярска в Читу, в Чите, из Читы во Владивосток, во Владивостоке, из Владивостока в Хабаровск, в Хабаровске, из Хабаровска в Новосибирск, в Новосибирске, из Новосибирска в Москву.

### Unit 35

**pages 162-167**

### EXPRESSION OF UNCERTAINTY

1 — Он обсуждал этот вопрос с кем-нибудь?
2 — В этот документ нужно внести какие-нибудь (какие-либо) изменения?
3 — Меня кто-нибудь спрашивал сегодня?
4 — Она вам что-нибудь посоветовала?
5 — Они ездили куда-нибудь (отдыхать)?
6 — Он был когда-нибудь (когда-либо) в Америке?
7 — Он работает где-нибудь?

1 — кто-то
2 — кто-нибудь, где-то
3 — какие-нибудь, какой-то
4 — какой-нибудь
5 — что-нибудь, что-то

1 — кое о чём
2 — кое в чём
3 — кое с кем
4 — кое у кого
5 — кое-что
6 — кое для кого
7 — кое-какие

1 — как-нибудь, как-то раз
2 — как-то раз
3 — кое-как
4 — как-нибудь
5 — кое-как
6 — как-нибудь

7 — кое-как
8 — как-то раз, как-нибудь

**6**
1 — как-то раз
2 — кое-где
3 — кое-как
4 — когда-то

**8**
1 — В вазе стоит белая роза.
2 — Один друг одолжил мне денег на компьютер (на покупку компьютера).
3 — Мы здесь совсем одни.

## Unit 36

### pages 168-173

#### МНОГО, МНОГИЕ, НЕСКОЛЬКО, НЕКОТОРЫЕ

**1**
1 — много продуктов
2 — много музеев
3 — многие музеи
4 — много времени
5 — много раз
6 — много новых сотрудников
7 — многие
8 — многие

**3**
1 — несколько русских песен, некоторые
2 — некоторые
3 — несколько ошибок, некоторые ошибки
4 — некоторые
5 — некоторое время
6 — несколько компакт-дисков
7 — некоторые
8 — несколько минут
9 — несколько пляжей, некоторые
10 — некоторые французские слова

**5**
1 — много, некоторых, несколько, некоторых
2 — много (немного), многие (некоторые), несколько, несколькими
3 — некоторыми (несколькими), несколько
4 — некоторых (многих)
5 — многие, немногим (некоторым)
6 — много, несколько
7 — некоторым (нескольким)
8 — много (несколько), многие (некоторые)
9 — многих (некоторых, нескольких)
10 — многие (немногие, некоторые)
11 — многие (некоторые)

**6**
1 — лежит
2 — пришло (пришли)
3 — будет
4 — придёт (придут), начали
5 — растёт
6 — работает (работают)
7 — становятся
8 — участвовало

## Unit 37

### pages 174-177

#### DIFFERENT TYPES OF THE IMPERATIVE

**2**
1 — Давай(те) поедем в Новгород.
2 — Давай(те) позвоним Коле.
3 — Давай(те) пригласим Галю в ресторан.
4 — Давай(те) ходить в бассейн.
5 — Давай(те) говорить только по-русски.
6 — Давай(те) пойдём в Большой театр.
7 — Давай(те) вернёмся завтра.
8 — Давай(те) бегать по утрам.

**3**
1 — Пойдём купим подарок Тане.
2 — Пойдём покурим.
3 — Поедем купим билеты на кинофестиваль.
4 — Пойдём спросим у Наташи.

**4**
1 — Давай(те) я позвоню.
2 — Давай(те) я понесу.
3 — Давай(те) я помою.
4 — Давай(те) я отнесу.
5 — Давай(те) я объясню.
6 — Давай(те) я найду.

**5**
1 — Давайте не будем смотреть новости.
2 — Давайте не будем рассказывать ему о том, что случилось.
3 — Давайте не будем приглашать Анну в гости.
4 — Давайте не будем покупать Антону цветы.
5 — Давайте не будем заказывать гостиницу по Интернету.